| | in | iang | ing | iong | \multicolumn{8}{c}{3} | \multicolumn{4}{c}{4} |

	in	iang	ing	iong	u	ua	uo	uai	uei	uan	uen	uang	ueng	ü	üe	üan	ün
	bin		bing		bu												
	pin		ping		pu												
	min		ming		mu												
					fu												
			ding		du		duo		dui	duan	dun						
			ting		tu		tuo		tui	tuan	tun						
	nin	niang	ning		nu		nuo			nuan				nü	nüe		
	lin	liang	ling		lu		luo			luan	lun			lü	lüe		
					gu	gua	guo	guai	gui	guan	gun	guang					
					ku	kua	kuo	kuai	kui	kuan	kun	kuang					
					hu	hua	huo	huai	hui	huan	hun	huang					
	jin	jiang	jing	jiong										ju	jue	juan	jun
	qin	qiang	qing	qiong										qu	que	quan	qun
	xin	xiang	xing	xiong										xu	xue	xuan	xun
					zhu	zhua	zhuo	zhuai	zhui	zhuan	zhun	zhuang					
					chu	chua	chuo	chuai	chui	chuan	chun	chuang					
					shu	shua	shuo	shuai	shui	shuan	shun	shuang					
					ru	rua	ruo		rui	ruan	run						
					zu		zuo		zui	zuan	zun						
					cu		cuo		cui	cuan	cun						
					su		suo		sui	suan	sun						
	yin	yang	ying	yong	wu	wa	wo	wai	wei	wan	wen	wang	weng	yu	yue	yuan	yun

中国語音節全表

韻母 声母	1																
	a	o	e	-i	er	ai	ei	ao	ou	an	en	ang	eng	ong	i	ia	iao	ie
b	ba	bo				bai	bei	bao		ban	ben	bang	beng		bi		biao	bie
p	pa	po				pai	pei	pao	pou	pan	pen	pang	peng		pi		piao	pie
m	ma	mo	me			mai	mei	mao	mou	man	men	mang	meng		mi		miao	mie
f	fa	fo					fei		fou	fan	fen	fang	feng					
d	da		de			dai	dei	dao	dou	dan		dang	deng	dong	di		diao	die
t	ta		te			tai		tao	tou	tan		tang	teng	tong	ti		tiao	tie
n	na		ne			nai	nei	nao	nou	nan	nen	nang	neng	nong	ni		niao	nie
l	la		le			lai	lei	lao	lou	lan		lang	leng	long	li	lia	liao	lie
g	ga		ge			gai	gei	gao	gou	gan	gen	gang	geng	gong				
k	ka		ke			kai	kei	kao	kou	kan	ken	kang	keng	kong				
h	ha		he			hai	hei	hao	hou	han	hen	hang	heng	hong				
j															ji	jia	jiao	jie
q															qi	qia	qiao	qie
x															xi	xia	xiao	xie
zh	zha		zhe	zhi		zhai	zhei	zhao	zhou	zhan	zhen	zhang	zheng	zhong				
ch	cha		che	chi		chai		chao	chou	chan	chen	chang	cheng	chong				
sh	sha		she	shi		shai	shei	shao	shou	shan	shen	shang	sheng					
r			re	ri				rao	rou	ran	ren	rang	reng	rong				
z	za		ze	zi		zai	zei	zao	zou	zan	zen	zang	zeng	zong				
c	ca		ce	ci		cai		cao	cou	can	cen	cang	ceng	cong				
s	sa		se	si		sai		sao	sou	san	sen	sang	seng	song				
	a	o	e		er	ai	ei	ao	ou	an	en	ang	eng		yi	ya	yao	ye

改訂版

馬老師と学ぶ中国語

馬　　　真
伊井健一郎　著
山田留里子

知識の大海原——図書館閲覧室

駿河台出版社

はじめに

　このテキストをご利用される先生方、学生の皆さんへ：

　本書は、より効果的に短時間で中国語を身につけることを目的としました。初めて中国語を学ぶ学生や社会人を対象とした初級用教材です。

　本文、発音表記、新出単語、応用語句及び語法の要点の順に編集してあります。単語をよく発音して本文をくり返し練習すれば、必要最低限の数百のことばは習得できるでしょう。北京を舞台にしたこれらの対話を暗唱することによって、意思を相手に伝え、交流を深めていくことができます。

　本書の60項目の"语法要点"は、馬真教授が担当しました。先生方のマニュアルとしてご活用下さい。なお、"発音"その他の部分は、伊井・山田の担当部分で、不十分な点は、随時補充して下さいますようお願いします。

　本書は、一年間に90分授業が二十数回あるものと設定して、発音部分4課、本文13課と合計17課、分量を比較的少なくしてあります。"少而精"(shǎo ér jīng)がモットーです。反復練習することによって、学習者の成果があがることを期待します。

　この教科書には、第一課の発音から第十七課までの課文を吹きこんだ録音テープを用意しました。あわせて十分ご活用下さい。なお"语法要点"以外の執筆に際しては、以下の書籍及び機会を参考にしました。記して謝意を表します。

輿水　優：『中国語早わかり』
牧田英二、楊立明：『初級中国語』
北京大学中文系现代汉语教研室：《现代汉语》
北京语言学院："94年暑期汉语教师短期研修班"
语文出版社：《语言文字规范手册》(増訂本)
《汉语拼音词汇》编写组：《汉语拼音词汇》

1994年小雪於
北京大学勺園
著　者

目　次

第一课　　発音　母音……………………………………1

第二课　　発音　声調……………………………………5

第三课　　発音　子音……………………………………7

第四课　　発音　変調・符号……………………………11

第五课　　自我介绍………………………………………16

第六课　　换钱……………………………………………19

第七课　　买东西…………………………………………22

第八课　　打电话…………………………………………26

第九课　　访问老师………………………………………29

第十课　　吃饭……………………………………………32

第十一课　问路……………………………………………35

第十二课　寄信……………………………………………39

第十三课　美容美发厅……………………………………43

第十四课　看病……………………………………………46

第十五课　去旅行…………………………………………49

第十六课　住饭店…………………………………………53

第十七课　书信……………………………………………58

大連市、休み時間の小学生

国慶節を祝う北京市

老舎茶館(北京)

第一课　母　音

　さあ、これから楽しく中国語を始めましょう。まず発音記号のローマ字つづり（ピンイン）で漢民族の共通語を学びます。このピンインは，1958年に制定されました。

　中国語は、漢字で表わされますが、「テキスト」にある漢字は決して略字ではなくて、正式の文字です。これは1956年に公布され、簡体字（または簡化字、2236字）といい、繁体字と区別されます。繁体字は，現在台湾や香港などで使われており、また古典を読む時には必要です。

　母音は、元音、韻母ともいわれ、36あります。以下の（　）内のローマ字は、その音のつづり方を表わします。

1．単母音、そり舌音

国際音標	音　節	例　字
a ［A］	（a）	啊
o ［o］	（o）	喔
e ［ɤ］	（e）	鹅
i ［i］	（yi）	衣
u ［u］	（wu）	乌

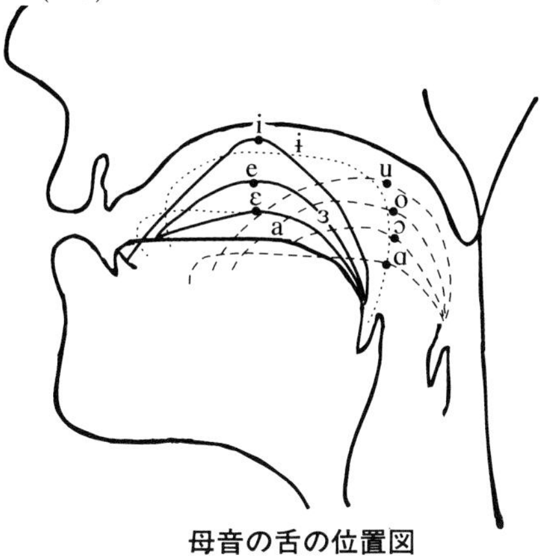

母音の舌の位置図

──前母音──後母音……混合母音

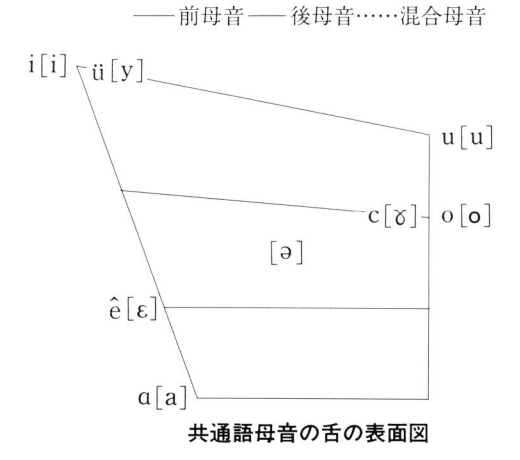

共通語母音の舌の表面図

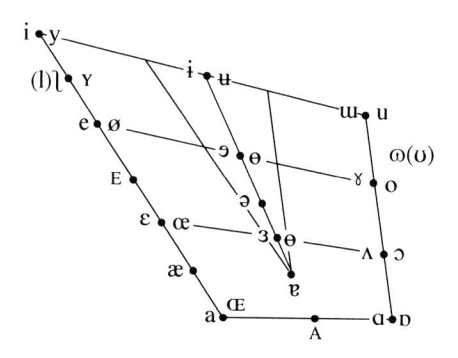

国際音声字母の母音の舌の位置図

ü [y]	(yu)	迂
-i [ɿ]	(zi)	資
-i [ʅ]	(zhi)	知
er [ər]	(er)	耳

2．二重母音、三重母音

ai [ai]	(ai)	哀
ei [ei]	(ei)	欸
ao [ɑu]	(ao)	熬
ou [ou]	(ou)	欧
ia [ia]	(ya)	呀
ie [iɛ]	(ye)	耶
ua [ua]	(wa)	蛙
uo [uo]	(wo)	窝
üe [yɛ]	(yue)	约

- -

iao [iɑu]	(yao)	腰
iou [iᵒu](-iu)	(you)	忧
uai [uai]	(wai)	歪
uei [uᵊi](-ui)	(wei)	威

3．鼻音つき複合母音

an [an]	(an)		安
ian [iɛn]	(yan)		烟
uan [uan]	(wan)		弯
üan [yan]	(yuan)		冤
ang [ɑŋ]	(ang)		昂
iang [iɑŋ]	(yang)		央
uang [uɑŋ]	(wang)		汪
en [ən]	(en)		恩
in [in]	(yin)		因
uen [uᵊn]	(wen)		温
ün [yn]	(yun)		晕
eng [əŋ]	亨の韻母		
ing [iŋ]	(ying)		英
ueng [uəŋ]	(weng)		翁
ong [uŋ]	轰の韻母		
iong [yuŋ]	(yong)		雍

《発音練習のために》

1. a　　　：日本語のアよりも口をうんと大きくあける。
2. o　　　：日本語のオよりも唇を丸くして突き出す。
3. e　　　：口を少し左右にひいて、日本語のエの口でオを言う。あごをいくらかひきましょう。
4. i(yi)　：日本語のイよりも口を左右に強くひきます。
5. u(wu)：日本語のウよりも唇を丸くしてうんと突き出します。
6. ü(yu)：唇をややすぼめてイの音を出します。ユイでもイユでもない音。
7. er　　：エでもアでもないあいまいな母音を出し、舌を少しひっこめ舌先を上あごに向けてそり上げて、アルを発音します。
8. ao　　：本来 au とつづるべき音で、心もちアウに近くアオを発音します。
9. u(e)i　：母音のときは wei ウエイとなり、子音と連らなるとき第三声、第四声で〔ゥエ〕、第一声、第二声では〔ゥイ〕に近い音になります。
10. i(o)u　：母音のときは you ィオゥとなり、子音と連らなるとき第三声、第四声で〔イォゥ〕、第一声、第二声では〔イウ〕に近い音になります。
11. -n　　：舌の前の部分を上歯ぐきにつけたまま離しません。（音読みで「ん」で終わる漢字）
12. -ng　：舌のつけ根をもち上げて、舌先を離したまま発音します。…ングではありません。（音読みで「い」「う」で終わる漢字）。「n」と「ng」の違いは、日本語では「案内」と「案外」、「関大」と「関学」というときの発音のちがい等にも現われます。

13. ian ：イエン
    iang ：イアン
14. eng ：口を少し左右にひいて、eの口調にngをつけオンと発音します。
15. ong ：必ず子音と連らなり、もともとはungとつづるべき音です。日本語のあいまいなウンであり中国語のwuにンのついた音ではありません。

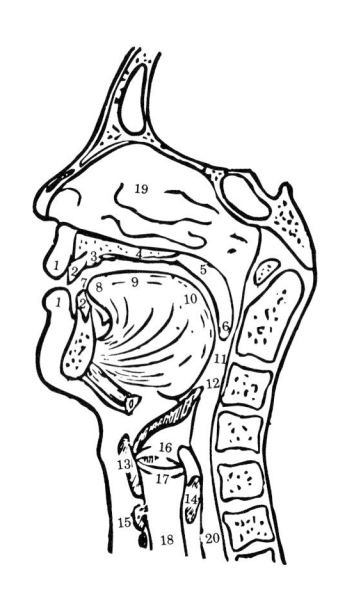

発音器官位置図
1.上唇と下唇　2.上の歯と下の歯　3.歯ぐき・歯肉　4.硬口蓋
5.軟口蓋　6.口蓋垂　7.舌尖　8.舌のへり　9.舌面前部
10.舌面後部　11.咽頭　12.喉頭蓋　13.甲状軟骨　14.環状軟骨
（後板）　15.環状軟骨（前弓）　16.裏声帯　17.声帯　18.気管
19.鼻腔　20.食道

第二课　声　調

　　中国語の発音はむずかしい、という人がいます。私たちはすでに36の母音を習いました。それぞれの音節に四つの調子をつけて練習してみましょう。練習しさえすれば、決してむずかしくはありません。
　　最高九声までも声調があるといわれる方言に比べると、共通語（普通话 pǔtōnghuà という）は、四声だけです。

《発音練習のために》
　　四声をよりスムーズに習得するために、まず第一声、第四声から練習を始めたらよいでしょう。
a) 第一声：高く、平らにのばします。「汽車ポッポー」と昔の人はよく言いました。ポッポーの調子です。
c) 第二声：やや低い点から一気に上げます。「エッ？」と疑問を発する調子です。
d) 第三声：低くおさえます。第三声以外の声調が続くと、下図の点線部分が消えます（「半三声」とよばれる）。「ア〜ア」とため息をつく調子です。
b) 第四声：高い点から一気に下げます。「ア、ソッ」という具合に応待する調子です。

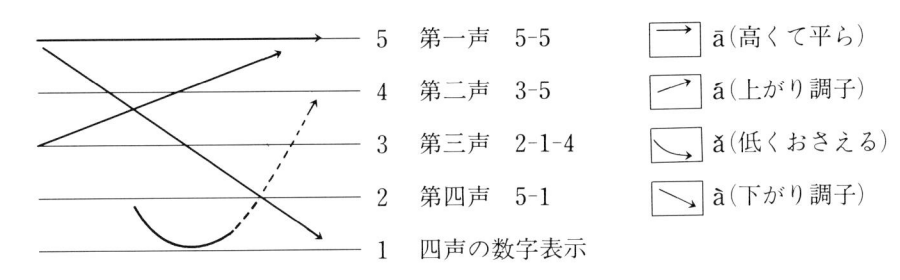

5	第一声　5-5	ā（高くて平ら）
4	第二声　3-5	á（上がり調子）
3	第三声　2-1-4	ǎ（低くおさえる）
2	第四声　5-1	à（下がり調子）
1	四声の数字表示	

四声の調子

山東大学（済南市）の木陰で学ぶ学生たち

次の音節で練習してみましょう。子音もつけてみます。一声から四声へと続けてみました。この調子が身につけばしめたものです。

bā 八	bá 拔(抜く)	bǎ 把(…を)	bà 坝(ダム)
bāo 包(包む)	báo 薄(薄い)	bǎo 饱(腹いっぱいになる)	bào 抱(抱く)
bī 逼(強制する)	bí 鼻	bǐ 比(比べる)	bì 避(避ける)
wū 乌(からす)	wú 无(無)	wǔ 五	wù 物
mā 妈(母)	má 麻(しびれる)	mǎ 马(馬)	mà 骂(ののしる)
nī 妮(女の子)	ní 泥	nǐ 你(あなた)	nì 腻(いや)
zhī 汁	zhí 直(まっすぐである)	zhǐ 纸	zhì 治(治める)

長城(本郷顕生氏画)

国慶節の前夜、10米位の間隔で設けられた水道が目をひく

第三课　子　音

中国語の子音は輔音、声母ともいわれ、21あります（尾音のngは含まない）。そして濁音がなく、清音に無気音と有気音の区別があり、この区別をすることが大変重要です。

無気音：発音時に破裂が弱く、息がはっきり流れないものです。（以下便宜上、片仮名表記にします）。不送气音 búsòngqìyīn。

有気音：発音時に破裂が強く、息がはっきり流れるものです。練習用に手にした紙片が口の前で発声と同時に揺れるでしょう。（以下便宜上、平仮名表記にします）。
送气音 sòngqìyīn。
決して鼻息でとばしてはいけません。

1．唇音　　　　-o　　-u
　　b [p]　　無気音　　bu
　　p [p']　　有気音　　pu
　　m [m]　　　　　　　mu
　　f [f]　　　　　　　fu

例：ba は「ラッパ」の「パ」、「パチンコ」の「パ」
　　pu は、ローソクの灯を消す時の息づかいで「ぷー」
　　f は、英語のfと同様，上歯と下唇を触れあわせます。

		無気音	有気音			
両唇音	上唇と下唇	b	p	m		(-o)
	上歯と下唇				f	(-o)
舌尖音	歯茎と舌尖	d	t	n	l	(-e)
舌根音	軟口蓋と舌面後部	g	k	h		(-e)
舌面音	硬口蓋と舌面前部	j	q	x		(-i)
舌歯音	上歯の裏と舌端	z	c	s		(-i)
巻舌音	硬口蓋前部と舌尖	zh	ch	sh	r	(-i)

共通語の声母総表

発音方法＼発音位置			両唇音	唇歯音	舌尖音	舌根音	舌面音	舌尖後音	舌尖前音
破裂音	清	無気	b [p]		d [t]	g [k]			
		有気	p [p']		t [t']	k [k']			
破擦音	清	無気					j [tɕ]	zh [tʂ]	z [ts]
		有気					q [tɕ']	ch [tʂ']	c [ts']
摩擦音		清音		f [f]		h [x]	x [ɕ]	sh [ʂ]	s [s]
		濁音						r [ʐ]	
鼻音		濁音	m [m]		n [n]				
側音		濁音			l [l]				

国際音標の略表

発音方法＼発音位置			双唇（上くちびる下くちびる）	唇歯（上の歯下くちびる）	舌先前（舌先歯のうら）	舌先中（舌先歯ぐき）	舌先後（舌面硬口蓋前）	舌のへり	舌面前（舌面硬口蓋前）	舌面中（舌面中硬口蓋）	舌面後（舌根軟口蓋）	喉
破裂音	清	無気	p			t				c	k	ʔ
		有気	p'			t'				c'	k'	
	濁		b			d					g	
破擦音	清	無気		pf	ts		tʂ	tʃ	tɕ			
		有気		pf'	ts'		tʂ	tʃ	tɕ			
	濁			bv	dz		dʐ	dʒ	dʑ			
鼻音	濁		m	ɱ		n		ɳ		ɲ	ŋ	
閃音	濁					ɾ						
側音	濁					l						
摩擦	清		ɸ	f	s		ʂ	ʃ	ɕ	ç	x	h
	濁		β	v	z		ʐ	ʒ	ʑ	j	ɣ	ɦ
半母音	濁		w(ɥ)	ʋ						j(ɥ)	(w)	

2．舌尖音　　　　　　-e　　　　　-i
　　d [t]　　　無気音　　　　di
　　t [tʻ]　　　有気音　　　　ti
　　n [n]　　　　　　　　　　ni
　　l [l]　　　　　　　　　　li

例：daは、「そうでした」の「タ」
　　taは、「大変だ」の「た」、「達者でな」の「た」。
　　両方とも舌先を上の前歯に触れ、dは息をおさえ、tは息を強く出します。nは舌先を十分に上歯ぐきにつける。日本語の「ナ」行音に近い。
　　lは、舌先を上の歯ぐきにつけたまま、息を外に出します。英語のlと同様です。

3．舌根音　　　　　　-e　　　　　-a
　　g [k]　　　無気音　　　　ga
　　k [kʻ]　　　有気音　　　　ka
　　h [x]　　　　　　　　　　ha

例：geは、母音eの前にgをおいたもので、日本語のカ行音です。ゲーではありません。
　　keは、同じ要領で、息を強く出します。「国家、こっちへ」等の「こ」を唇を左右に少しひいて発音するとよいでしょう。
　　hūだと、「ふーっ」と強く息を吐くように、のどの奥から強い摩擦音を出します。

4．舌面音　　　　　　-i　　　　　-ü
　　j [tɕ]　　　無気音　　　　ju
　　q [tɕʻ]　　　有気音　　　　qu
　　x [ɕ]　　　　　　　　　　xu

例：j、q、xに続くüはuに書きかえます。舌面音は母音uとは結ばないので混同する恐れがないからです。
　　jiは、舌先を下の前歯に触れて、息をおさえ日本語の「チ」を出します。
　　qiは、「あっ血だ！」の「ち」です。
　　xiは、日本語の「シ」の音で、口を左右に強くひきます。

5．そり舌音　　　　　-i [ʃ]　　-ao
　　zh [tʂ]　　　無気音　　　　zhao
　　ch [tʂʻ]　　　有気音　　　　chao
　　sh [ʂ]　　　　　　　　　　shao
　　r [ʐ]　　　　　　　　　　rao

　　舌をそり上げるこれらの音は、日本語にはないため、よく理解して模範朗読をまねることが必要です。捲舌音とも呼ばれます。
　　zh、ch：舌先を歯ぐきよりやや上の上あごの落ちこんだ所へ向けてそり上げ、舌先の裏側

をつけて「チ、ち」と言います。
〔zh/ch〕

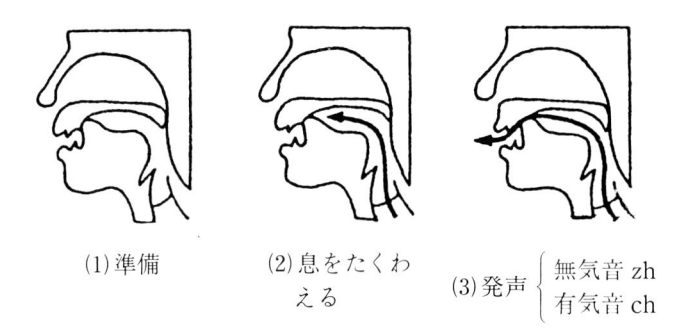

(1) 準備　　(2) 息をたくわ　　(3) 発声 ｛無気音 zh
　　　　　　　　える　　　　　　　　　 有気音 ch

　sh、r：同じ要領で舌をそり上げ、舌先の裏側を上あごに近づけるだけで、そのすき間に息を通します。特にrは、耳を二つふさいでふるわせてみましょう。
　例：chao を力強く発音してみましょう。
　　　chǎofàn は、炒饭(やきめし)のことです。
〔sh/r〕

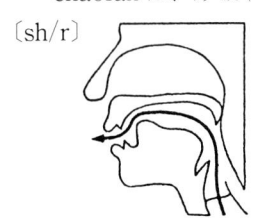

6．舌歯音　　　　-i [1]　　　-ou
　z [ts]　　　無気音　　　zou
　c [ts']　　　有気音　　　cou
　s [s]　　　　　　　　　　sou

　z、c は、舌先を上の前歯に当て、唇を左右にひいて「ツ」を発音します。z は息をおさえ、c は息を強く吐き出します。
　s は、舌先を下の前歯に当て、「ス」の音を出します。

第四课　変調・符号

1．音節

中国語の音節は、母音がなくてはなりません。総計400余りですが、それに四声がつき、約1300になります。

いくつかの音節を分解してみましょう。

声母	韻母			音節	
	介音	主母音	尾音		
g		a	o	gāo	高
j	i	a	o	jiāo	交
h	u	a		huā	花
t	i	a	n	tiān	天

2．軽声

これは音節本来の声調を失った音で、軽く短かく発音します。ですから軽声自体には定まった高さはなく、その前の音節の声調に左右されます。

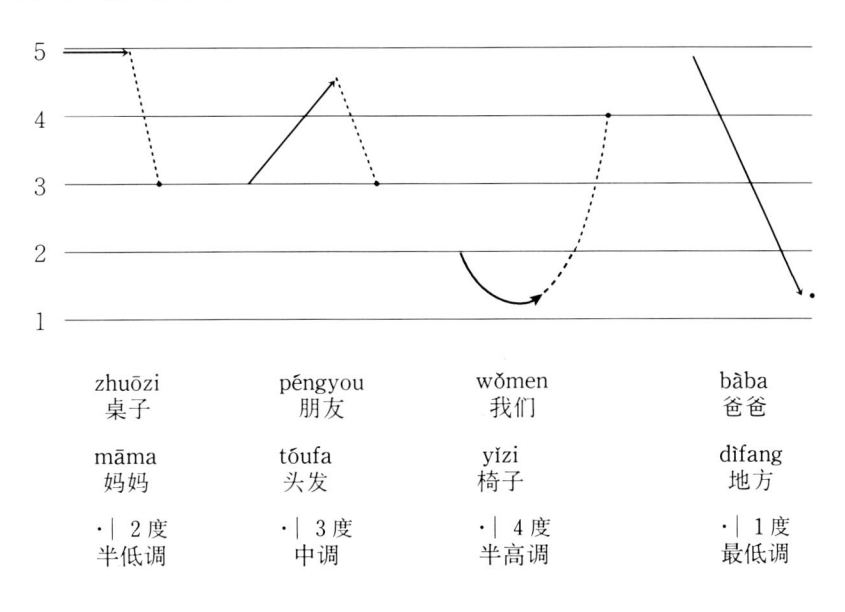

zhuōzi	péngyou	wǒmen	bàba
桌子	朋友	我们	爸爸
māma	tóufa	yǐzi	dìfang
妈妈	头发	椅子	地方
·｜2度	·｜3度	·｜4度	·｜1度
半低调	中调	半高调	最低调

第三声＋第一声　214+55 ⟶ 21+2 ·｜　喜欢、母亲、讲究
第三声＋第二声　214+35 ⟶ 21+3 ·｜　暖和、老婆、苦头
第三声＋第四声　214+51 ⟶ 21+1　　底下、首饰、伙计

3．声調変化

(1) 第一声＋第一声　55＋55 ⟶ 44＋55　jīntiān、qīngchūn
(2) 第二声＋第二声　35＋35 ⟶ 34＋35　huídá、xuéxí
(3) 第四声＋第四声　51＋51 ⟶ 52＋51　zàijiàn、shènglì
(4) 第三声＋第三声　214＋214 ⟶ 35＋21　nǐ hǎo、měihǎo
　　第三声＋第三声　214＋214 ⟶ 35＋·｜　nǎli、kěyi
(5) 第三声＋第一声　214＋55 ⟶ 21＋55　gǎitiān
　　第三声＋第二声　214＋35 ⟶ 21＋35　nǚrén
　　第三声＋第四声　214＋51 ⟶ 21＋51　lǐlùn
　　第三声＋軽声　　214＋·｜ ⟶ 21＋·｜　jiǔge

4．不 bù の変調

うしろに第四声がくると、"不"は自然に第二声に変化します。

不对　búduì
不错　búcuò
不热　bú rè

5．一 yī の変調

yī＋第一声　　　　　　　　　第一声　yì fēn、yì bēi
　　二声　　　⟹ yì ＋　　二声　　yì píng、yì máo
　　三声　　　　　　　　　　三声　　yì bǎ、yì qǐ

yī＋第四声　　⟹ yí ＋　第四声　yí kuài
　　轻声　　　　　　　　轻声　　yí ge

6．隔音符号

これは1958年に出された《汉语拼音方案》で定められました。

a、o、e で始まる音節が別の音節の後に連接する場合、音節の区切りがまぎらわしければ、隔音符号（géyīn fúhào '）で分けます。

例：pí'ǎo（皮袄）、Xī'ān（西安）、jī'áng（激昂）、míng'é（名額）

7．声調符号のつけ方

先找 a，再找 o，
没有 a、o，再找 e，
i、u 都有标在后，
i 上调号把点丢，
调号标在元音上。

> 母音が一つの時はその上に。
> 複合母音の時は，
> 1．a の上に，
> 2．a がなければ e か o に，
> 3．iu、ui は後の方に，
> 4．i の上の点はとる。

8．r（アル）化

　そり舌音の er（儿）が接尾辞となった場合，「アル化音」と呼ばれます。それは一般に「小さい」「かわいい」「親しみやすい」等の意味をつけ加えます。北京では特にこの音が耳に入ります。元来の音節に音の変化が生じ，ローマ字つづりが実際の発音とずれることもあります。

(1) a、o、e、ê、u で終る音節：変化なし。

豆芽儿	dòu yár	[ia ⟶ iar]
山坡儿	shān pōr	[p'o ⟶ p'or]
小刀儿	xiǎo dāor	[tɑu ⟶ tɑur]
小车儿	xiǎo chēr	[tʂ'ɤ ⟶ tʂ'ɤr]
台阶儿	tái jiēr	[tɕiɛ ⟶ tɕiɛr]

(2) ai、ei、an、en で終る音節：i や n が脱落。

小盆儿	xiǎo pénr	[p'ən ⟶ p'ər]
晚辈儿	wǎn bèir	[pei ⟶ pər]
小孩儿	xiǎo háir	[xia ⟶ xar]
花篮儿	huā lánr	[lan ⟶ lar]

(3) ng で終る音節：その前の母音が鼻音化し、ng を発音しない。

信封儿	xìn fēngr	[fəŋ ⟶ fə̃r]
蛋黄儿	dàn huángr	[xuaŋ ⟶ xuãr]
小钉儿	xiǎo dīngr	[tiŋ ⟶ tiə̃r]
小虫儿	xiǎo chóngr	[tʂ'uŋ ⟶ tʂ'ũr]
小熊儿	xiǎo xióngr	[ɕiuŋ ⟶ ɕiũr]

(4) i、ü で終る音節：さらに [ər] の音が加わる。

| 小鸡儿 | xiǎo jīr | [tɕi ⟶ tɕiər] |
| 金鱼儿 | jīn yúr | [y ⟶ yər] |

(5) in、un、ün、ui で終る音節：[ər] の音が加わり、n や i を発音しない。

麦穗儿	mài suìr	[suei ⟶ suər]
脚印儿	jiǎo yìnr	[in ⟶ iər]
合群儿	hé qúnr	[tɕ'yn ⟶ tɕ'yər]

(6) 舌尖母音の韻母-i〔ɿ、ʅ〕+r の音節：i が脱落し、[ər] の音を加える。

| 瓜子儿 | guā zǐr | [tsɿ ⟶ tsər] |
| 有事儿 | yǒu shìr | [ʂʅ ⟶ ʂər] |

共通語の韻母は、アル化してその数がいくらか減少し、26の"儿化韵"が残っています。これは、元の韻母と儿化韻の対応関係を示す表です。

原韻母		儿化韻	例
a, ai, an	⟶	[ar]	把儿、盖儿、伴儿
ia, ian	⟶	[iar]	芽儿、烟儿
ua, uai, uan	⟶	[uar]	花儿、块儿、玩儿
üan	⟶	[yar]	圈儿
o	⟶	[or]	沫儿
uo	⟶	[uor]	活儿
ao	⟶	[ɑur]	号儿
iao	⟶	[iɑur]	票儿
-i [ɿ,ʅ], ei, en	⟶	[ər]	丝儿、汁儿、辈儿、根儿
i, in	⟶	[iər]	鸡儿、今儿
uei, uen	⟶	[uər]	穗儿、棍儿
ü, un	⟶	[yər]	毛驴儿、裙儿
e	⟶	[ɤr]	歌儿
ie	⟶	[iɛr]	街儿
üe	⟶	[yɛr]	靴儿
u	⟶	[ur]	珠儿
ou	⟶	[our]	兜儿
iou	⟶	[iour]	球儿
ang	⟶	[ãr]	缸儿
iang	⟶	[iãr]	亮儿
uang	⟶	[uãr]	筐儿
eng	⟶	[ə̃r]	灯儿
ing	⟶	[iə̃r]	钉儿
ueng	⟶	[uə̃r]	瓮儿
ong	⟶	[ũr]	空儿
iong	⟶	[iũr]	小熊儿

贵在坚持 Guì zài jiānchí

A　四声の連続練習

① cōngmíng kě'ài　聪明可爱
② guāngmíng lěiluò　光明磊落
③ jījí nǔlì　积极努力
④ Sānguó yǎnyì　三国演义
⑤ shānmíng shuǐxiù　山明水秀
⑥ xīnzhí kǒukuài　心直口快
⑦ zhēnshí kěkào　真实可靠
⑧ Zhōngguó guǎngdà　中国广大

B　中国語のリズムを身につけよう。模範朗読をくり返しきき、口に出してまねることです。

1．Láojià!　すみませんが。劳驾！
2．Duìbuqǐ。　ごめんなさい。　对不起。
3．Nǎli, nǎli.　どういたしまして。哪里，哪里。
4．Méi guānxi.　どういたしまして。　没关系。
5．Bú kèqi.　おかまいなく。　不客气。
6．Bú yàojǐn.　大丈夫だ。　不要紧。
7．Búyào kèqi.　ご遠慮なさらないで。　不要客气。
8．Nín tài kèqi le.　そんなに遠慮しないで下さい。　您太客气了。
9．Zàijiàn.　さようなら。　再见。
10．Xièxie.　ありがとう。　谢谢。
11．Xièxie nín.　ありがとうございます。　谢谢您。
12．Děng yi děng.　待ってください。　等一等。
13．Qǐng zuò.　おかけ下さい。　请坐。
14．Huítóu jiàn.　後ほどまた。　回头见。
15．Xīnkǔ le!　おつかれさま。　辛苦了！
16．Ràng nín jiǔ děng le.　お待たせしました。　让您久等了。
17．Dǎjiǎo le.　おじゃましました。　打搅了。
18．Máfan nǐ le.　お手数をかけます．麻烦你了。
19．Qǐngwèn.　おたずねします。　请问。
20．Zǒu ba.　行きましょう。　走吧。
21．Búxiè.　どういたしまして。　不谢。
22．Méi shénme.　どういたしまして。　没什么。
23．Tài máfan nín le.　ご面倒をおかけ致します。　太麻烦您了。
24．Huānyíng, huānyíng.　ようこそ。　欢迎欢迎。
25．Qǐng yuánliàng.　どうぞお許し下さい。　请原谅。
26．Jiāyóu, jiāyóu!　頑張って。　加油，加油！

第五课 自我介绍
Dì-wǔ kè　　Zìwǒ jièshào

A： 您 好。
　　 Nín hǎo.

B： 您 好。
　　 Nín hǎo.

A： 我 叫 本田 贵代美，是 北京 大学 中文系 的 留学生。初次
　　 Wǒ jiào Běntián Guìdàiměi, shì Běijīng Dàxué Zhōngwénxì de liúxuéshēng. Chūcì

　　 见 面， 请 多 关照。
　　 jiàn miàn, qǐng duō guānzhào.

B： 哪里， 哪里。
　　 Nǎli, nǎli.

A： 您 贵姓？
　　 Nín guìxìng?

B： 我 姓 王， 叫 王 江平。 认识 您 很 高兴。
　　 Wǒ xìng Wáng, jiào Wáng Jiāngpíng. Rènshi nín hěn gāoxìng.

A： 我 也 很 高兴。
　　 Wǒ yě hěn gāoxìng.

馬烽先生(1922年生まれ、作家協会副主席、
全国人民代表大会代表)作家、山西省太原市在住

単　語

1．自我 zìwǒ　自己、自分
2．介绍 jièshào　紹介（する）
3．您 nín　あなた
4．好 hǎo　よい、健康である、…し終る
5．你 nǐ　君
6．我 wǒ　私、当方
7．叫 jiào　…という、叫ぶ
8．本田 Běntián　姓、Honda の中国語呼み。
9．贵代美 Guìdàiměi　名前、Kiyomi の中国語呼み。
10．是 shì　…である
11．北京大学 Běijīng Dàxué　北京大学、Peking University
12．中文 Zhōngwén　中国語
13．系 xì　大学の学部
14．的 de　…の〔代詞＋的〕。báishǎo "的" と呼びならわされる。
15．留学生 liúxuéshēng　留学生
16．初次 chūcì　初めて、初回
17．见面 jiànmiàn　顔を合わせる
18．请 qǐng　どうぞ…（…してください）
19．多 duō　多い、…余り
20．关照 guānzhào　面倒を見る。世話をする。
21．哪里 nǎli　どういたしまして、どこ
22．贵姓 guìxìng　お名前は？
23．姓 xìng　姓は…である。
24．王 Wáng　姓でワン
25．江平 Jiāngpíng　名前でチャンピン
26．认识 rènshi　知り合いになる、知っている、認識（する）
27．很 hěn　とても
28．高兴 gāoxìng　うれしい、喜んで
29．也 yě　…も…だ

応用語句

1．介绍信 jièshàoxìn　紹介状
2．好朋友 hǎo péngyou　仲の良い友達
3．好人 hǎorén　よい人間
4．你好吗? Nǐ hǎo ma?　お元気ですか？
5．我看～。Wǒ kàn～．私は～と思う。
6．叫醒服务 jiàoxǐng fúwù　モーニング・コール
7．北京人 Běijīngrén　北京の人
8．学院 xuéyuàn　単科大学。北京语言文化大学 Běijīng Yǔyán Wénhuà Dàxué
9．中国话 Zhōngguóhuà　（話し言葉の）中国語
中华人民共和国 Zhōnghuá Rénmín Gònghéguó　中華人民共和国、1949年10月1日成立
10．专业 zhuānyè　専攻学科
11．请教 qǐngjiào　お教えいただきたいのですが。
12．哪儿的话 nǎr de huà　いやいや、どういたしまして。
13．姓名 xìngmíng　姓名
14．也罢 yěbà　仕方がない、まあよかろう
15．老朋友 lǎo péngyou　昔なじみ、古くからの友人。←→新朋友 xīn péngyou
16．免贵姓 miǎnguì xìng　名のるほどの者ではない。例：您贵姓？～～～，我姓陈。

语法要点

(1) "叫"和"姓"

"叫"是动词,表示称谓,相当于"是",后面引出名字。例如:
① 我叫本田贵代美。
② 你叫什么名字?——我叫张永光。
③ 她是我妹妹,叫美珍。

"姓"作为动词,后面引出人的姓,例如:
④ 我姓王,他姓张。
⑤ 你姓什么?——我姓李。
⑥ 他姓李,不姓陈。

"贵姓"用于尊称,例如:
⑦ 您贵姓?——我姓王,叫王江平。

(2) "的"

助词"的"用在偏正结构的定语和中心语之间,是定语的标志。例如:

北京大学中文系的学生　　木头的房子
新的房子　　　　　　　　红的花儿
他写的信　　　　　　　　姐姐画的画

(3) "哪里,哪里"

"哪里"叠用表示否定,用来婉转地推辞对自己的褒奖,是一种客气的说法。例如:
① A:初次见面,请多关照。
　 B:哪里,哪里。
② A:你帮我找到了亲人,太谢谢你了。
　 B:哪里,哪里。这是我应该做的。
③ A:这事儿太麻烦你了。
　 B:哪里,哪里。

(4) "很"

"很"是程度副词,表示程度深,主要修饰形容词。例如:

很高兴　很愉快　很勇敢　很漂亮

(5) "也"

"也"是副词,表示类同,强调后者与前者类同。例如:
① "认识你我很高兴。""我也很高兴。"
② 他是东京人,我也是东京人。
③ 今年东京很热,北京也很热。
④ 他姓王,我也姓王。

第六课　换钱
Dì-liù kè　Huànqián

A：先生，我要换点儿钱。
　　Xiānsheng, wǒ yào huàn diǎnr qián.

B：是日元，还是美元?
　　Shì Rìyuán, háishì Měiyuán?

A：换日元。(交 1 万块日元。)
　　Huàn Rìyuán. (jiāo yíwàn kuài Rìyuán)

B：请填一下您的姓名、地址和护照号码。
　　Qǐng tián yíxià nín de xìngmíng、dìzhǐ hé hùzhào hàomǎ.

A：填好了，这样行吗?
　　Tián hǎo le, zhèyàng xíng ma?

B：等一下，给您牌儿。
　　Děng yíxià, gěi nín páir.

A：(看牌儿，是 11 号。) 谢谢。
　　(kàn páir, shì shíyī hào.) Xièxie.

B：11 号，给您 857 块人民币，您数一数。
　　Shíyī hào, gěi nín bābǎi wǔshiqī kuài Rénmínbì, nín shǔyishǔ.

A：(数钱) 没错儿。
　　(shǔ qián) Méi cuòr.

北京大学、九月は新入生歓迎の月

単　　語

1．换钱 huànqián　両替する。
2．先生 xiānsheng　先生、…さん、呼びかける時にも使われる。
3．要 yào　…したい、…しなければならない。
4．点儿 diǎnr　一点儿小事(ほんのちょっとした事)のように、少量のものを表す。好～～了。(少しよくなった)。
5．日元 Rìyuán　日本円
6．还是 háishi　それとも、依然として。
7．美元 Měiyuán　米ドル、美金 Měijīn ともいう、1ドル≒8.45元(1994年)
8．交 jiāo　手渡す
9．1万 yíwàn　10,000
10．块 kuài　元、かたまり
11．填 tián　書き入れる、埋める
12．一下 yíxià　ちょっと…する、いきなり
13．地址 dìzhǐ　住所
14．护照 hùzhào　パスポート
15．号码 hàomǎ　番号
16．了 le　動詞、形容詞の後に置き、動作、行為の完了や状態の変化などを表す。
17．这样 zhèyàng　こういうふうにする、このように
18．行 xíng　よろしい、有能である。
19．吗? ma　質問、疑問を表す
20．等 děng　待つ
21．给 gěi　与える
22．牌儿 páir　札
23．谢谢 xièxie　ありがとう
24．号 hào　(順番を表す)番号
25．人民币 Rénmínbì　人民幣(RMB)
26．数 shǔ　数える
27．没错儿 méi cuòr　まちがいない

応用語句

1．港币 Gǎngbì　香港ドル、港元 Gǎngyuán ともいう。
2．邦交 bāngjiāo　国交
3．元 yuán　角 jiǎo　分 fēn　(書き言葉)。話し言葉では、块 kuài、毛 máo、分 fēn を使う。1元≒12円(1994年現在)
4．回信地址 huíxìn dìzhǐ　返信のあて先
5．签证 qiānzhèng　ビザ。入境～～ rùjìng～～。入国査証
6．等于 děngyú　…に等しい
7．名牌儿货 míngpáirhuò　ブランド商品
8．自动取款机 zìdòng qǔkuǎnjī　現金自動引き出し機

現金自動引き出し機、大連市

语法要点

(1) "要"

"要"作为能愿动词，后面跟一个动词性词语，表示做某事的意志。例如：
① 我要换点儿钱。
② 他要喝咖啡。
③ 我要学游泳。

(2) "是…还是…？"

"是…还是…？"是中国语中表示选择问的一种问话格式。例如：
① 是日元，还是美元？
② 他是中国人，还是日本人？
③ 你是去上海，还是去北京？

有时前面一个"是"也可以省略，如例③也可以说成：
④ 你去上海，还是去北京？

(3) "填好"

"填好"是一个带结果补语的述补结构。这里的"好"表示动作的完成，作动词的补语。例如：
① 填好了。
② 信写好了。
③ 作业做好了。

(4) "等一下"

"一下"用在动词后面，表示三种意思：(a)表示动作进行一次，如："敲一下（＝敲一次）""只准打一下（＝只准打一次）"。(b)表示试着做，如："你去打听一下""这个问题你们先研究一下"。(c)表示短暂的时间，如："等一下""我休息一下"。

(5) "数一数"

"V一V"（V代表动词）是中国语中动词重叠的一种形式，意思相当于"动词＋一下"的(b)义或(c)义。例如：

你数一数＝你数一下
你看一看＝你看一下
我等一等吧＝我等一下吧

済南市、道のまん中で話し中

第七课 买东西
Dì-qī kè　　Mǎi dōngxi

(1) 买水果(在 小摊儿上)
Mǎi shuǐguǒ (zài xiǎotānr shàng)

A: 桃 怎么 卖?
　　Táo zěnme mài?

B: 两 块 三 一 斤。
　　Liǎng kuài sān yì jīn.

A: 可以 挑挑 吗?
　　Kěyǐ tiāotiao ma?

B: 可以。
　　Kěyǐ.

(2) 买衣服
Mǎi yīfu

A: 小姐, 我 要 买 一 件 连衣裙。
　　Xiǎojiě, wǒ yào mǎi yí jiàn liányīqún.

B: 什么 颜色 的?
　　Shénme yánsè de?

A: 要 粉红 的。这 件 多少 钱?
　　Yào fěnhóng de. Zhè jiàn duōshǎo qián?

B: 1 0 6 块。
　　Yìbǎi líng liù kuài.

A: 太 贵 了, 能 不 能 便宜 一点儿?
　　Tài guì le, néng bu néng piányi yìdiǎnr?

B: 这 是 进口 的, 很 漂亮。……那么, 打 九 折 吧。
　　zhè shì jìnkǒu de, hěn piàoliang. ……Nàme, dǎ jiǔ zhé ba.

A: 那…… 我 买 吧。在 哪儿 付 钱?
　　Nà…… wǒ mǎi ba. Zài nǎr fù qián?

B: 请 到 那边 收款台 去 付 钱。
　　Qǐng dào nàbiān shōukuǎntái qù fù qián.

単　語

1．买 mǎi　買う
2．东西 dōngxi　物
3．摊儿 tānr　露天
4．桃 táo　モモ
5．怎么 zěnme　どのように、なぜ
6．卖 mài　売る
7．斤 jīn　1斤は500g
8．挑 tiāo　選ぶ
9．衣服 yīfu　服
10．小姐 xiǎojiě　おねえさん、…さん
11．件 jiàn　衣類(主に上着)等に用いる量詞
12．连衣裙 liányīqún　ワンピース
13．什么 shénme　どんな、なに、なにか
14．颜色 yánsè　色
15．粉红 fěnhóng　ピンク
16．多少 duōshǎo　いくら、いくらか
17．钱 qián　お金、多少钱?(いくらですか。)
18．太 tài　あまりにも…すぎる
19．贵 guì　(値段が)高い、貴重な
20．能 néng　(条件、能力があり)できる、…のはずだ。
21．便宜 piányi　安価である。目先の利益
22．一点儿 yìdiǎnr　少し、ちょっと
23．进口 jìnkǒu　輸入(する)
24．漂亮 piàoliang　きれいである
25．那么 nàme　それでは、そんなに
26．打九折 dǎ jiǔ zhé　1割引きにする
27．哪儿 nǎr　どこ、どうして
28．付钱 fùqián　金を支払う
29．那边 nàbiān　あそこ
30．收款台 shōukuǎntái　代金受取り台、レジ

北京駅

応用語句

1．买卖 mǎimài　商売。做～～zuò～～（商売をする）买方 mǎifāng（買い手）
2．桃李之年 táolǐ zhī nián　青少年時代
3．怎么样 zěnmeyàng　どうですか。
4．卖力气 mài lìqi　精を出す
5．公斤 gōngjīn　kg。重さの単位の两 liǎng は、50g を表す。
6．挑选 tiāoxuǎn　選択する
7．衣食住行 yī shí zhù xíng　衣食住と交通手段
8．一件大衣 yí jiàn dàyī　オーバー1着　两条裤子 liǎng tiáo kùzi　ズボン2本
9．脸色 liǎnsè　顔色
10．饭费 fànfèi　食費、车费 chēfèi　車代
11．车开得太快了。Chē kāi de tài kuài le.（車のスピードを出しすぎる）
12．贵公司 guì gōngsī　御社
13．能干 nénggàn　仕事がよくできる。能源危机 néngyuán wēijī　エネルギー危機
14．进口货 jìnkǒuhuò　輸入品。出口 chūkǒu　輸出（する）、出口
15．帅 shuài　粋である。长得漂亮 zhǎng de piàoliang　器量がよい
16．打折扣 dǎ zhékòu　割り引く、約束通りにしない。不折不扣 bùzhé búkòu　掛け値なし
17．货到付款 huò dào fùkuǎn　荷が着き次第代金を支払う、着払い。付清 fùqīng　支払い済み
18．收银台 shōuyíntái　代金受取り所。请您收下吧。Qǐng nín shōuxia ba.　どうぞお納め下さい。收发室 shōufāshì　文書受付　收拾 shōushi　かたづける
19．优惠卡 yōuhuìkǎ　優待カード
20．香蕉 xiāngjiāo　バナナ
21．桔子 júzi　ミカン
22．葡萄 pútao　ぶどう
23．苹果 píngguǒ　りんご
24．梨 lí　ナシ
25．巧克力 qiǎokèlì　チョコレート
26．口香糖 kǒuxiāngtáng　チューインガム
27．咖啡 kāfēi　コーヒー

デパートの1階化粧品売場

语法要点

(1) "怎么"

"怎么"是疑问代词，用在动词前，可以表示行为动作按什么方式进行。例如：
① 桃怎么卖？
② 请问，去新宿怎么走？
③ 这个字怎么念？

(2) "两块三一斤"

这是一种表示价格的说法，含有"每"的意思。表示价钱的数量结构在前，表示事物数量的数量结构在后，整个结构表示"多少钱买多少东西"。例如：
桃两块三一斤（＝桃两块三买一斤）
西瓜五块钱一个（＝西瓜五块钱买一个）
这种笔八块钱一支（＝这种笔八块钱买一支）

注意：如果表示事物数量的数量结构在前，表示价钱的数量结构在后，所形成的格式也是表示价格的，但意思有所不同，它表示"多少东西卖多少钱"。例如：
桃一斤两块三（＝桃一斤卖两块三）
西瓜一个五块钱（＝西瓜一个卖五块钱）
这种笔一支八块钱（＝这种笔一支卖八块钱）

(3) "件"

"件"是量词，用于个体事物，如衣服、事情等。例如：
一件连衣裙　　两件衣服　　三件衬衣　　一件汗背心　　一件事　　两件事情

(4) "什么颜色的"

助词"的"的另外一个作用就是附加在名词、形容词、动词等词语后边组成一个名词性的"的"字结构，可以指代事物。例如课文里的"什么颜色的""粉红的""进口的"就分别指"什么颜色的连衣裙""粉红的连衣裙""进口的连衣裙"。再如：
吃的（指吃的东西）
穿的（指穿的衣服）
皮球我要红的（"红的"指红的皮球）
那房子是木头的（"木头的"指木头的房子）

(5) "能不能"

动词或形容词的肯定形式和否定形式连用就构成反复问的问话格式，要求答话人在肯定和否定之间选择一个做出回答。例如：
能不能？　　去不去？　　可以不可以？　　学习不学习？
好不好？　　香不香？　　干净不干净？　　漂亮不漂亮？

再如：

① 能不能便宜一点儿？
② 你吃不吃冰激淋？
③ 这件衣服漂亮不漂亮？
④ 这个地方好玩儿不好玩儿？

北京大学中文系

山西省太原市

第八课 打电话
Dì-bā kè　Dǎ diànhuà

A: 喂，请 转 3 1 6 9。
　　Wèi, qǐng zhuǎn sān yāo liù jiǔ.

B: 欸，什么?
　　Éi, shénme?

A: 请 转 3 1 6 9。
　　qǐng zhuǎn sān yāo liù jiǔ.

B: 请 等 一下，对不起，占线。
　　Qǐng děng yíxià, duìbuqǐ, zhànxiàn.

A: (重拨2502261)喂，请 转 3 1 6 9。
　　chóng bō　Wéi, qǐng zhuǎn sān yāo liù jiǔ.

B: 好，请 稍 等。
　　Hǎo, Qǐng shāo děng.

A: 是 陈老师 家 吗?
　　Shì Chén lǎoshī jiā ma?

B: 是啊，你 找 谁 啊?
　　Shì a, nǐ zhǎo shéi a?

A: 我 找 陈亚军老师。
　　Wǒ zhǎo Chén Yàjūn lǎoshī.

B: 他 不 在，他 晚上 8 点 多 回来。有 什么 事儿 吗?
　　Tā bú zài, tā wǎnshang bā diǎn duō huílái. Yǒu shénme shìr ma?

A: 我 是 坂本 晃。请 您 告诉 陈老师 我 给 他 打 电话 了。
　　Wǒ shì Bǎnběn Huǎng. Qǐng nín gàosu Chén lǎoshī wǒ gěi ta dǎ diànhuà le.

B: 好 的。
　　Hǎo de.

北京市の三環北路

単　語

1. 打 dǎ　放つ、たたく、攻める
2. 电话 diànhuà　電話。打～～（電話をかける）。
3. 重 chóng　再び、重複する
4. 拨 bō　（指で）まわす
5. 喂 wéi、wèi　もしもし、おい、飼う
6. 转 zhuǎn　回す、変える
7. 欸 éi　おや
8. 对不起 duìbuqǐ　すみません
9. 占线 zhànxiàn　（電話が）話し中である。
10. 稍 shāo　ちょっと、少し
11. 陈 Chén　チェン（姓）
12. 老师 lǎoshī　先生。この場合"老"に「年とった」の意味はない。
13. 家 jiā　家、家庭
14. 啊 a　肯定の語気を表す、そうです。
15. 找 zhǎo　訪ねる、探す、つり銭を出す
16. 谁 shéi、shuí　だれ
17. 亚军 Yàjūn　ヤーチュン（名前）
18. 晚上 wǎnshang　夜、晩
19. 回来 huílái　帰って来る
20. 事儿 shìr　用事、事故
21. 告诉 gàosu　告げる
22. 坂本 Bǎnběn、Sakamoto（姓）
23. 晃 Huǎng、Akira（名前）
24. 给 gěi　…に、…のために、与える

応用語句

1. 公用电话 gōngyòng diànhuà　公衆電話。总机 zǒngjī　交換台。分机 fēnjī　内線。打电报 dǎ diànbào　電報をうつ。
2. 转交 zhuǎnjiāo　回す、気付。
3. 家常便饭 jiācháng biànfàn　日常の食事。帮助料理家务 bāngzhù liàolǐ jiāwù　家事の手伝いをする。
4. 找对象 zhǎo duìxiàng　結婚の相手をさがす。找麻烦 zhǎo máfan　面倒を引き起こす。
5. 晚上好! Wǎnshang hǎo!　こんばんは。
6. 重访山西 chóng fǎng Shānxī　再び山西を訪れる。
7. 你稍微等一下。Nǐ shāowēi děng yíxià.　ちょっとお待ち下さい。
8. 事在人为。Shì zài rénwéi.　事の成否は人のやり方如何で決まる。
9. 电话亭 diànhuàtíng　電話ボックス
10. 直拨长途 zhíbō chángtú　直通の長距離電話

花車（北京、四月）

语法要点

(1) "有什么事儿吗?"

"有什么……吗?"是中国语中一种常用的提问方式,"什么"虚指,"有什么…吗?"意思相当于"有……吗?"。"有什么事儿吗?"就是"有事儿吗?"的意思。再如:
　　教室里还有什么人吗?(＝教室里还有人吗?)
　　他那里有什么好看的书吗?(＝他那里有好看的书吗?)
　　冰箱里有什么喝的吗?(＝冰箱里有喝的吗?)

(2) "我给他打电话"

"我给他打电话"相当于"我打电话给他"的意思,这里的"给"是"给予"的意思。再如:
　　① 我给你写信。(＝我写信给你。)
　　② 你给他寄点儿钱。(＝你寄点儿钱给他。)
　　③ 爸爸给我留了点儿钱。(＝爸爸留了点儿钱给我。)

"给"还有"替"的意思,例如:
　　④ 我给你看(kān)孩子。(＝我替你看孩子。)
　　⑤ 他给我洗衣服。(＝他替我洗衣服。)

有时,这种句式里的"给"既可以理解为"给予",也可以理解为"替"。例如:"我给你买一辆自行车"既可以理解为"我买一辆自行车给你",也可以理解为"我替你买一辆自行车"。

(3) "好的。"

"好的。"是中国语中一种常用的表示应答的答话。例如:
　　① A:请您告诉陈老师我给他打电话了。
　　　 B:好的。
　　② A:小李,晚上我们去看电影好吗?
　　　 B:好的。
　　③ A:你去给我买包烟。
　　　 B:好的。

国慶節の天安門

第九课 访问 老师
Dì-jiǔ kè　Fǎngwèn　lǎoshī

A：（敲门，门开了。）苏 老师，您 好！
　　(qiāo mén, mén kāi le.) Sū lǎoshī, nín hǎo!

B：啊，你们 来 了。欢迎，欢迎。请 进来。请 坐，坐下 吧。
　　A, nǐmen lái le. Huānyíng, huānyíng. Qǐng jìnlai. Qǐng zuò, zuòxia ba.

A：谢谢 老师。这 是 从 东京 带来 的 小小 的 礼物，请 您
　　Xièxie lǎoshī. Zhè shì cóng Dōngjing dàilái de xiǎoxiāo de lǐwù, qǐng nín

　　收下。
　　shōuxia.

B：你们 太 客气 了。请 喝 茶。
　　Nǐmen tài kèqi le. Qǐng hē chá.

A：请 别 张罗 了，谢谢 您 的 热情 招待。
　　Qǐng biē zhāngluo le, xièxie nín de rèqíng zhāodài.

B：哪儿 的 话。
　　Nǎr de huà.

……

A：时间 不 早 了，我们 该 走 了。
　　Shíjiān bù zǎo le, wǒmen gāi zǒu le.

B：以后 有 空儿 来 玩儿。我 送 你们 吧。
　　Yǐhòu yǒu kòngr lái wánr. Wǒ sòng nǐmen ba.

A：请 留步，再见。
　　Qǐng liúbù, zàijiàn.

B：慢走，再见。
　　Mànzǒu, zàijiàn.

北京大学の西門

単　語

1. 访问 fǎngwèn　訪問(する)
2. 敲 qiāo　たたく
3. 门 mén　ドア、出入り口
4. 苏 Sū　スー(姓)、蘇の簡体字
5. 欢迎 huānyíng　歓迎(する)
6. 进来 jìnlái　入って来る
7. 坐 zuò　座る、腰かける、乗る
8. 从 cóng　…から、聞き従う
9. 东京 Dōngjīng　東京、Tokyo
10. 带 dài　携帯する
11. 小 xiǎo　小さい
12. 礼物 lǐwù　贈り物
13. 收下 shōuxia　納める
14. 客气 kèqi　遠慮する、礼儀正しい
15. 喝 hē　飲む、ほう(感嘆詞)
16. 茶 chá　お茶
17. 别 bié　…するな、…するには及ばない
18. 张罗 zhāngluo　もてなす、処理する
19. 热情 rèqíng　心がこもっている、熱意
20. 招待 zhāodài　接待する
21. 哪儿的话 nǎr de huà　どういたしまして
22. 时间 shíjiān　時刻、時間
23. 早 zǎo　早い
24. 该 gāi　…すべきである。＝应该 yīnggāi
25. 以后 yǐhòu　以後、…の後
26. 空儿 kòngr　暇、すきま
27. 玩儿 wánr　遊ぶ
28. 送 sòng　見送る、送り届ける
29. 留步 liúbù　お見送りには及びません
30. 再见 zàijiàn　さようなら　再会 zàihuì
31. 慢走 mànzǒu　気をつけてお帰り下さい

応用語句

1. 拜访 bàifǎng　訪問する、拜会 bàihuì(訪問し面会する、主に外交上)
2. 送货上门 sònghuò shàngmén　商品を門口まで届ける。窍门儿 qiàoménr こつ　走后门 zǒu hòumén 裏から手を回す
3. 坐船 zuò chuán　船に乗る、坐飞机 zuò fēijī　飛行機に乗る
4. 从此 cóngcǐ　これから。力不从心 lìbùcóngxīn　やりたいが力が伴わない
5. 礼轻情意重 lǐ qīng qíngyì zhòng　贈物はわずかでもその気持はくみとるべきである。礼尚往来 lǐ shàng wǎnglái　礼を受ければ礼を返さねばならない。
6. 大吃大喝 dàchī dàhē　大いに飲み大いに食らう。
7. 倒茶 dàochá　茶をつぐ。茉莉花茶 mòlihuāchá、龙井茶 lóngjǐngchá、乌龙茶 wūlóngchá、铁观音 tiěguānyīn、红茶 hóngchá、毛峰茶 máofēngchá、君山银针 jūnshān yínzhēn
8. 别送，别送! Bié sòng, bié sòng!　お見送りは結構です。(客が主人側の見送りを謝絶する時)
9. 记者招待会 jìzhě zhāodàihuì　記者会見
10. 从早到晚 cóngzǎo dàowǎn　朝から晩まで。早上好! Zǎoshang hǎo!　おはよう。
11. 后来 hòulái　その後(過去のみに用いる)
12. 请回吧! Qǐng huí ba!　どうぞお戻り下さい。(客が主人側に言う)

语法要点

(1) "从"

"从"是介词，引出起点或来源，例如：
① 这是从东京带来的。（处所的起点）
② 他从上海来。（处所的起点）
③ 我从明天起开始工作。（时间的起点）
④ 我是从他那儿知道的。（来源）

(2) "别"

"别"是一个否定副词，表示劝阻或禁止。例如：
① 别张罗了，谢谢您的热情招待。
② 你已经喝醉了，别喝了。
③ 大家别说话!
④ 别动，这是农药!

(3) "哪儿的话"

这是一个固定词组，是一种客气的说法，跟"哪里，哪里"相当，也是用来婉转地推辞对自己的褒奖。例如：
① A：谢谢您的热情招待。
　 B：哪儿的话。
② A：这事儿太麻烦您了。
　 B：哪儿的话。
③ A：你真能干。
　 B：哪儿的话。

(4) "不早了"

这也是一个固定词组，表示离做某件事情的时间不早了，用来提醒听话人该做某件事情了。例如：
① 时间不早了，我们该走了。
② 现在不早了，你们该回家了。
③ 不早了，你该睡了。

(5) "该"

"该"作为能愿动词表示"应该""理应如此"的意思。例如：
① 时间不早了，我们该走了。
② 他病了，我们该去看看他。
③ 天冷了，你该多穿点儿衣服。
④ 快八点了，你该做作业了。

第十课 吃饭
Dì-shí kè Chīfàn

A: 小姐，请 拿 菜单儿 来。
   Xiǎojiě, qǐng ná càidānr lái.

B: 好。你们 想 吃 什么？
   Hǎo. Nǐmen xiǎng chī shénme?

A: 来 个 红烧 豆腐、鱼香 肉丝，再 来 个 宫爆 鸡丁。
   Lái ge hóngshāo dòufu, yúxiāng ròusī, zài lái ge gōngbào jīdīng.

B: 要 什么 饮料？
   Yào shénme yǐnliào?

A: 来 一 罐儿 五星 啤酒，来 一 瓶 山楂 果汁。
   Lái yí guànr Wǔxīng píjiǔ, lái yì píng Shānzhā guǒzhī.

B: 还 要 什么？
   Hái yào shénme?

A: 够 了。……
   Gòu le.

A: 小姐，结帐。
   Xiǎojiě, jiézhàng.

B: 菜 79 块 7 毛 5 分，饮料 10 块 4 毛 5 分，一共 90 块 2 毛。
   Cài qīshíjiǔ kuài qī máo wǔ fēn, yǐnliào shí kuài sì máo wǔ fēn, yígòng jiǔshí kuài liǎng máo.

北京の先生宅での食事

単　語

1．吃 chī　食べる、飲む
2．饭 fàn　食事、ご飯
3．拿 ná　持つ。拿来 nálái　持って来る。
4．菜单儿 càidānr　メニュー。菜谱 càipǔ
5．想 xiǎng　…したいと思う、考える
6．来 lái　（なにかを）する。動詞の代用。
7．红烧豆腐 hóngshāo dòufu　豆腐のしょう油煮込み。
8．鱼香肉丝 yúxiāng ròusī　細切り肉のからしいため。
9．宫爆鸡丁 gōngbào jīdīng　角切りとり肉の辛味あんかけ。宫保鸡丁
10．饮料 yǐnliào　飲み物
11．五星 wǔxīng　五つの星（ここではビールの銘柄の一つ）
12．啤酒 píjiǔ　ビール
13．罐儿 guànr　缶
14．山楂 shānzhā　サンザシ
15．果汁 guǒzhī　ジュース
16．瓶 píng　瓶
17．还 hái　その上、やはり
18．够 gòu　足りる
19．结帐 jiézhàng　決算（する）、勘定する
20．菜 cài　料理
21．块 kuài　＝元 yuán
　　毛 máo　＝角 jiǎo
　　分 fēn　＝分
22．一共 yígòng　合計で

応用語句

1．饭馆儿 fànguǎnr　レストラン
2．自己来吧! Zìjǐ lái ba!　自分でやります。
3．五星红旗 Wǔxīng hóngqí　中国の国旗
4．请结帐吧! Qǐng jiézhàng ba!　お勘定をお願いします。算帐 suànzhàng
5．做菜 zuò cài　料理をつくる。素菜 sùcài　精進料理
6．上菜 shàng cài　料理を出す。
7．卡拉 OK　kǎlāOK　カラオケ
8．让您破费了! Ràng nín pòfèi le!　散財をおかけ致しました。
9．报帐 bàozhàng　清算する、決算報告（をする）
10．中国の八大料理：　北京菜 Běijīngcài、山东菜 Shāndōngcài、淮扬菜 Huáiyángcài、广东菜 Guǎngdōngcài、江苏菜 Jiāngsūcài、浙江菜 Zhèjiāngcài、湖南菜 Húnáncài、川菜 Chuāncài

语法要点

(1) "想"

　　"想"是动词，有很多意思，这儿的"想"是"希望、打算"的意思。后面总带动词性宾语。例如：

　　① 你们想吃什么？
　　② 我想到中国旅游。
　　③ 他想当科学家。
　　④ 我们很想去。

(2) "来"

　　"来"是动词，有很多意思，很多用法，这儿的"来"用来代替意义具体的动词（一般是上文刚说过的那个动词）。例如：

　　① A：你们想吃什么？
　　　 B：来个红烧豆腐、鱼香肉丝，再来一个宫爆鸡丁。（"来"代替"想吃"）
　　② A：要什么饮料？
　　　 B：来一罐儿五星啤酒，来一瓶山楂果汁。（"来"代替"要"）
　　③ 他唱得很好，你也来一个吧。（"来"代替"唱"）
　　④ 你下了两盘棋了，现在该我来了。（"来"代替"下"）
　　⑤ 你歇歇吧，让我来。（如果他们正在挖坑儿，"来"就代替"挖"）

(3) "还(hái)"

　　"还"是副词，有很多意思，这里的"还"表示追加或范围扩大。例如：

　　① B：要什么饮料？
　　　 A：来一罐儿五星啤酒，来一瓶山楂果汁。
　　　 B：还要什么？
　　② 我到中国旅游，去了北京、西安，还去了成都。
　　③ 弟弟吃了一个苹果，还吃了一个香蕉。

(4) "菜79块7毛5分"

　　这是一种报帐的句式，物品名称在前，表示价格的数量结构在后。例如：

　　① 菜79块7毛5分，饮料10块4毛5分，一共90块2毛。
　　② A：你今天买菜用了多少钱？
　　　 B：肉8块9毛，白菜1块2毛，胡萝卜9毛，豆腐8毛，一共11块8毛。

第十一课 问路
Dì-shíyī kè　　Wèn lù

A：（招呼面的司机）师傅，去 故宫 博物馆。
　　(zhāohu miàndī sījī)　Shīfu,　qù　Gùgōng　Bówùguǎn.

B：路 不 太 熟，去不了。（拒载）
　　Lù　bú　tài　shóu,　qùbuliǎo.　(jùzài)

A：（问行人）劳驾，去 故宫 怎么 走？
　　(wèn xíngrén)　Láojià,　qù　Gùgōng　zěnme　zǒu?

B：你 先 坐 375 路 公共汽车 在 西直门 下 车，然后 坐 地铁
　　Nǐ　xiān　zuò　sānqiwǔ　lù　gōnggòng qìchē　zài　Xīzhímén　xià　chē,　ránhòu　zuò　dìtiě

在 前门 下 车。
zài　Qiánmén　xià　chē.

A：（问地铁工作人员）先生，故宫 离 这儿 远 吗？怎么 走 好
　　(wèn dìtiě gōngzuò rényuán)　Xiānsheng,　Gùgōng　lí　zhèr　yuǎn　ma?　Zěnme　zǒu　hǎo

呢？
ne?

B：不 太 远，你 一直 往 北 走，通过 天安门 广场，就 可以
　　Bú　tài　yuǎn,　nǐ　yìzhí　wǎng　běi　zǒu,　tōngguò　Tiān'ānmén　Guǎngchǎng,　jiù　kěyǐ

进去 了。
jìnqu　le.

A：谢谢 您。
　　Xièxie　nín.

故宫（本郷顕生氏画）

単　語

1．问 wèn　尋ねる
2．路 lù　道、路線
3．招呼 zhāohu　呼びかける
4．面的 miàndī　ミエンティー　打的 dǎdī　ミエンティーに乗る。北京でよく使われる。小面包出租车《语文建设》1994.7）。微型面包出租车 wēixíng miànbāo chūzūchē との言い方もある、1990年代に普及する。
5．司机 sījī　運転手
6．师傅 shīfu　呼びかける時の尊称、親方
7．去 qù　行く
8．故宫 Gùgōng　故宫。故宫博物院 Gùgōng Bówùyuàn（正式名称）
9．博物馆 bówùguǎn　博物館
10．熟 shóu、shú　よく知っている
11．去不了 qùbuliǎo　行くことができない
12．拒载 jùzài　乗車拒否
13．行人 xíngrén　通行人
14．劳驾 láojià　すみませんが
15．先 xiān　先に、まず
16．公共汽车 gōnggòng qìchē　バス
17．西直门 Xīzhímén　シーヂーメン　北京の地名
18．下 xià　降りる
19．车 chē　乗り物（自動車、バスなど）
20．然后 ránhòu　…してから
21．地铁 dìtiě　地下鉄
22．前门 Qiánmén　チェンメン　北京の地名
23．工作 gōngzuò　仕事
24．人员 rényuán　要員。工作人员（要員）。
25．这儿 zhèr　ここ
26．远 yuǎn　遠い
27．一直 yìzhí　まっぐに、ずっと
28．往 wǎng　…の方へ
29．通过 tōngguò　通過する、…を通じて
30．天安门 Tiān'ānmén　天安門（ティエンアンメン）
32．广场 guǎngchǎng　広場

応用語句

1．问大家好！Wèn dàjiā hǎo!　みなさんによろしく。
2．去年 qùnián　昨年
3．熟能生巧 shúnéngshēngqiǎo　仕事も慣れればこつが分かる。熟人 shúrén　知人⟷生人 shēngrén。熟知 shúzhī　よく知っている
4．汽车 qìchē　自動車。小公共汽车 xiǎo gōnggòng qìchē　どこでも手をあげて乗れる小型バス。收费停车场 shōufèi tíngchēchǎng　有料駐車場
5．友好往来 yǒuhǎo wǎnglái　友達づきあいをする。
6．无轨电车 wúguǐ diànchē　トロリーバス
7．值班人员 zhíbān rényuán　当番
8．离这儿远不远？Lí zhèr yuǎn bu yuǎn?　ここから遠いですか。
9．友谊商店 Yǒuyì shāngdiàn　友誼商店
10．迷路了 mílù le　道に迷った。

语法要点

(1) "不太熟"

"不太＋形容词/动词"是一种常用的格式，起减弱否定程度的作用，含有婉转语气。例如：

路不太熟(比说"不熟"语气轻)

他不太满意(比说"不满意"语气轻)

这样做不太合适(比说"不合适"语气轻)

他不太愿意去(比说"不愿意去"语气轻)

(2) "去不了(liǎo)"

"了"原表示"完毕、结束"的意思。"动词＋不了(liǎo)"已成为一个固定的格式，意思相当于"不能＋动词"。例如：

去不了(＝不能去)

做不了(＝不能做)

动不了(＝不能动)

"动词＋不了"的肯定形式是"动词＋得了"，意思相当于"能＋动词"。例如：

去得了(＝能去)

做得了(＝能做)

动得了(＝能动)

(3) "先……，然后……"

"先……然后……"表示一件事情之后接着做另一件事情，先做的事情用"先"引出，后做的事情用"然后"引出。例如：

① 你先坐375路公共汽车在西直门下车，然后坐地铁在前门下车。

② 他想先去大阪，然后去广岛。

③ 我先到商店买了一些东西，然后去看了一个朋友。

(4) "离"

"离"作为介词，表示"相距、距离"，通常引出处所或时间。例如：

① 故宫离这儿远吗？

② 我们家离学校很近。

③ 天津离北京只有120公里。

④ 现在离元旦还有半个月。

⑤ 离开车只有20分钟了。

(5) "往(wǎng)"

"往(wǎng)"是介词，跟方位词或处所词组合，用在动词前，表示动作的方向。例如：

① 你一直往北走。

② 请你往前看。

③ 水往低处流。
④ 他往学校方向去了。

北京大学燕园全景

第十二课 寄信
Dì-shí'èr kè　　Jì xìn

A：先生，这封信要贴多少钱邮票？
　　Xiānsheng, zhè fēng xìn yào tiē duōshǎo qián yóupiào?

B：市内的贴一毛，外地的贴两毛。
　　Shìnèi de tiē yì máo, wàidì de tiē liǎng máo.

A：寄航空信呢？寄到日本的。
　　Jì hángkōngxìn ne? Jìdào Rìběn de.

B：两块九，这封信超重了。三块六。
　　Liǎng kuài jiǔ, zhè fēng xìn chāozhòng le. Sān kuài liù.

A：航空信寄到日本，要几天？
　　Hángkōngxìn jìdào Rìběn, yào jǐ tiān?

B：大概要一个星期左右吧。
　　Dàgài yào yí ge xīngqī zuǒyòu ba.

A：这儿有没有明信片？
　　Zhèr yǒu méiyǒu míngxìnpiàn?

B：有，十块钱一套。
　　Yǒu, shí kuài qián yí tào.

A：请给我看一下，好吗？
　　Qǐng gěi wǒ kàn yíxià, hǎo ma?

B：好，请看吧。
　　Hǎo, qǐng kàn ba.

北京大学の未名湖

単　語

1．寄 jì　郵送する
2．信 xìn　手紙
3．封 fēng　封入されたものを数える量詞。
4．贴 tiē　貼る。ぴったりくっつく。
5．邮票 yóupiào　郵便切手
6．市内 shìnèi　市内
7．外地 wàidì　ほかの土地、(都市からいう)地方
8．两 liǎng　二、双方、50gの重さ。
9．航空信 hángkōngxìn　航空郵便
10．到 dào　…まで、行く。
11．日本 Rìběn　日本
12．超重 chāozhòng　重量オーバー
13．几 jǐ　いくつ、いくら(10ぐらいまでを指す)
14．天 tiān　日、天
15．大概 dàgài　おおかた、おおよその、概略
16．星期 xīngqī　週、曜日
17．左右 zuǒyòu　前後、左と右
18．明信片 míngxìnpiàn　はがき
19．块 kuài　貨幣の単位に用いる、量詞…元。两块钱一斤的～。liǎng kuài qián yī jīn de～。500g 2元の…
20．钱 qián　貨幣、银钱 yínqián　銀貨
21．套 tào　セット、一式、カバー

応用語句

1．信封 xìnfēng　封筒。信纸 xìnzhǐ　便箋 邮电局 yóudiànjú　郵便局
2．今天 jīntiān　今日　昨天 zuótiān　昨日　明天 míngtiān　明日　每天 měitiān　毎日　天长地久 tiāncháng-dìjiǔ　とこしえに変わらない
3．星期日 xīngqīrì　日曜日。～～一 xīngqīyī、～～二 xīngqī'èr、～～三 xīngqīsān、～～四 xīngqīsì、～～五 xīngqīwǔ、～～六 xīngqīliù　上星期 shàngxīngqī　先週、下星期 xiàxīngqī　来週。礼拜 lǐbài も使われ、最近は大礼拜 dàlǐbài といって、隔週土、日連休が普及している。書き言葉の"周"zhōu がテレビや会話でもきかれる。例：周三来取。Zhōusān lái qǔ. 水曜日に取りに来なさい。
4．上下 shàngxià　ぐらい。六十岁上下。
5．挂号信 guàhàoxìn　書留郵便
6．生日卡 shēngrìkǎ　バースディカード
7．圣诞贺片 shèngdàn hèpiàn　クリスマスカード
8．贺年片 hèniánpiàn　年賀はがき
9．贺年(有奖)明信片 Hènián(yǒujiǎng) míngxìnpiàn　お年玉つき年賀はがき。"温馨 wēnxīn、和谐 héxié、幸福 xìngfú"の文字がついている。

语法要点

（1）"寄航空信呢？"

这是中国语中一种特殊的疑问句式，它是由一个不包含疑问词语的语言成分加上"呢"构成的，表示特指问，意思跟包含疑问词语的问话相当。具体的疑问意思随上下文的不同而不同。例如：

① A：先生，这封信要贴多少钱邮票？
　　B：市内的贴一毛，外地的贴两毛。
　　A：寄航空信呢？寄到日本的？（＝寄航空信要贴多少钱的邮票？寄到日本的。）

② A：你去买两罐儿五星啤酒吧。
　　B：要是没有五星啤酒呢？（＝要是没有五星啤酒怎么办？）

③ 我的钢笔呢？（＝我的钢笔在哪儿呢？）

④ 爷爷呢？（＝爷爷在哪儿呢？）

（2）"要"

本课课文里的"要"是动词，表示"需要"的意思，后面必须带数量成分。例如：

① A：航空信寄到日本，要几天？
　　B：大概要一个星期左右。

② 从北京到上海乘火车要17个小时。

③ A：你们这儿买一个西瓜要多少钱？
　　B：大概要5块钱。

④ A：完成这个任务你估计要几个人？
　　B：我估计要六个人。

（3）"大概"

"大概"是副词，用于对时间、数量、情况的估计或推测。例如：

① A：寄航空信寄到日本，要几天？
　　B：大概要一个星期左右。

② 他大概下星期三去广州。

③ 这里离神户大概有10公里。

④ 中国语考试他大概得了85分。

⑤ 他大概考上名古屋大学了。

⑥ 现在他大概已经到家了。

（4）"左右"

"左右"作为助词，总用在数量成分后边，用于估计，表示比所指的数量略多或略少。例如：

① 大概要一个星期左右吧。

② 估计今年产量能增加百分之三十左右。

③ 这件衣服要300块左右。

④ 他身高一米六二左右。

(5) "有没有"

"有没有"也是由动词的肯定形式("有")和否定形式("没有")连用构成的表示反复问的问话格式，也要求答话人在肯定和否定之间选择一个作出回答。例如：

① A：这儿有没有明信片？
   B：有，十块钱一套。
② A：你有没有《国语辞典》？
   B：没有，我没有《国语辞典》。
③ A：你昨天看没看电影？
   B：看了，是一个中国电影，叫《黄土地》。
④ A：他今天喝没喝牛奶？
   B：他喝了。

"看没看"跟"看不看"在意义上和用法上有些区别，用"没"的反复问格式通常是问说话前的事情，用"不"的反复问格式通常是问说话后的事情。试比较：

⑤ a (昨天)你看没看电影？（※昨天你看不看电影？）
   b (明天)你看不看电影？（※明天你看没看电影？）

北京晚报

1994年8月29日 ·7·

▶『打的』

丁振国

10キロ未満10元の車"ミエンティー"

第十三课 美容美发厅
Dì-shísān kè Měiróng-měifàtīng

(1) 理发店
Lǐfàdiàn

A: 你好，我要剪头发。
   Nǐ hǎo, wǒ yào jiǎn tóufa.

B: 要不要洗头发？
   Yào buyào xǐ tóufa?

A: 要。剪完了以后，还要刮胡子。
   Yào. Jiǎnwán le yǐhòu, hái yào guā húzi.

B: 好的。请坐。
   Hǎo de. Qǐng zuò.

(2) 美容室
Měiróngshì

A: 小姐，我要烫发。
   Xiǎojiě, wǒ yào tàngfà.

B: 好，今天人比较多，请等一会儿。
   Hǎo, jīntiān rén bǐjiào duō, qǐng děng yíhuìr.

A: 好的。（过了一会儿）。
   Hǎo de. (Guòle yíhuìr).

B: 现在该你了，请里边坐。今天你要美容按摩吗？
   Xiànzài gāi nǐ le, qǐng lǐbiān zuò. Jīntiān nǐ yào měiróng ànmó ma?

A: 不用，今天我没时间，下次再来。
   Bú yòng, jīntiān wǒ méi shíjiān, xià cì zài lái.

图书馆

単　語

1．美容 měiróng　美容
2．美发 měifà　美髪
3．厅 tīng　広間
4．理发 lǐfà　頭を刈る。
　　剪 jiǎn　（はさみで）切る、はさみ
5．头发 tóufa　髪
6．洗 xǐ　洗う
7．完 wán　…してしまう
8．还 hái　その上、まだ、まあまあ
9．刮 guā　そる、（風が）吹く
10．胡子 húzi　ひげ

11．室 shì
12．店 diàn
13．烫 tàng　（髪に）パーマをかける、熱い、熱くする
14．发 fà　髪の毛
15．比较 bǐjiào　比較的に、比較（する）
16．里边 lǐbiān　奥の方、中
17．按摩 ànmó　マッサージ（をする）
18．不用 búyòng　…する必要がない
19．次 cì　回、度、次の
20．再 zài　再び、それから、もう一つは

応用語句

1．美容美发屋 měiróng-měifàwū　美容室
　　美容院 měiróngyuàn
2．剪纸 jiǎnzhǐ　きり紙細工
3．刮脸 guāliǎn　顔をそる
4．发型 fàxíng　ヘアスタイル　护发素 hùfàsù　リンス
5．这次 zhècì　今回
6．再说 zàishuō　後のことにする。
7．再次 zàicì　いま一度。再接再厉 zàijiēzàilì 努力に努力を重ねる。
8．再喝一点儿吧。Zài hē yìdiǎnr ba. もっと飲んで下さい。

実用的髪型

男性	• 角刈り	平头 píngtóu
	• 丸刈り	圆头 yuántóu
	• 刈りあげ	学生头 xuéshēngtóu
	• 坊主刈り	光头 guāngtóu
	• オールバック	背头儿 bèitóur
女性	• お下げ	辫子 biànzi
	• ポニーテール	马尾辫 mǎwěibiàn
	• ソバージュ	麦穗式 màisuìshì
	• ゆるめのソバージュ	波浪式 bōlàngshì
	• ストレート	直发式 zhífàshì
	• マッシュルームカット	蘑菇型 móguxíng
	• マッシュルームカットで後がやや長めの髪型	童花式 tónghuāshì

语法要点

(1) "比较"

"比较"作为副词用在形容词、动词前面,表示某种性质达到一定的程度。例如:

① 今天人比较多,请等一会儿。
② 这里比较安静。
③ 今天天气比较好,我们去香山玩儿吧。
④ 他比较高,大概一米八一。
⑤ 田中比较会办事。

(2) "一会儿"

"一会儿"用在动词后面,指很短的时间。例如:

① 请等一会儿。
② 我们休息一会儿吧。
③ 刚才我听了一会儿音乐。

(3) "再"

"再"是副词,表示很多意思,本课课文里的"再"表示行为动作的重复或继续。例如:

① 今天我没有时间,下次再来。(表示重复)
② 我没有听清楚,请你再说一遍。(表示重复)
③ 您再休息一会儿吧。(表示继续)
④ 你不能再喝了。(表示继续)

北京大学の構内

第十四课 看病
Dì-shísì kè　　Kànbìng

A：我　有点儿　感冒　了。挂　哪　一　科　好　呢？
　　Wǒ　yǒudiǎnr　gǎnmào　le. Guà　nǎ　yì　kē　hǎo　ne?

B：挂　内科。请　你　先　填　一下　姓名、地址　和　电话　号码，然后
　　Guà　nèikē. Qǐng　nǐ　xiān　tián　yíxià　xìngmíng、dìzhǐ　hé　diànhuà　hàomǎ, ránhòu
　　付　挂号费　16　块　钱。
　　fù　guàhàofèi　shíliù　kuài　qián.

A：填　好　了。
　　Tián　hǎo　le.

....

A：大夫，您　好。
　　Dàifu, nín　hǎo.

B：你　哪儿　不　舒服？
　　Nǐ　nǎr　bù　shūfu?

A：我　这　两　天　头　疼，疼得　要命。
　　Wǒ　zhè　liǎng　tiān　tóu　téng, téng de　yàomìng.

B：咳嗽　吗？
　　Késou　ma?

A：有点儿　咳嗽，嗓子　也　疼。
　　Yǒudiǎnr　késou, sǎngzi　yě　téng.

B：张开　嘴，嗓子　有点儿　红。是　感冒　了，吃　一点儿　感冒　清热
　　Zhāngkāi　zuǐ, sǎngzi　yǒudiǎnr　hóng. Shì　gǎnmào　le, chī　yìdiǎnr　Gǎnmào qīngrè
　　冲剂　吧，一　天　吃　三　次。
　　chōngjì　ba, yì　tiān　chī　sān　cì.

A：谢谢。
　　Xièxie.

B：请　多　保重。
　　Qǐng　duō　bǎozhòng.

中日友好医院、北京市

単　語

1. 看 kàn　診察してもらう、診察する、見舞う、見る。
2. 病 bìng　病、病気(になる)、欠点
3. 有点儿 yǒudiǎnr　少々
4. 感冒 gǎnmào　風邪（を引く）
5. 挂 guà　申し込み手続きをとる、診察を申しこむ、掛ける、電話を切る。
6. 科 kē　（学術などの）科、課
7. 内科 nèikē　内科
8. 挂号 guàhào　申し込む。
9. 费 fèi　費用、費す
10. 大夫 dàifu　医者
11. 舒服 shūfu　気分がよい。
12. 疼 téng　痛い、かわいがる。
13. 得 de　（形容詞や一部の動詞の後に用いて）その程度または結果を表す語句を導く。冷得很 lěng de hěn　とても寒い
14. 要命 yàomìng　程度が甚だしい。疼得要命　痛くてたまらない
15. 咳嗽 késou　咳（をする）
16. 嗓子 sǎngzi　のど、声
17. 张开 zhāngkāi　開ける
18. 嘴 zuǐ　口、口数
19. 红 hóng　赤い、幸運だ、革命的な
20. 感冒清热冲剂 Gǎnmào qīngrè chōngjì　かぜの解熱用粉薬
21. 保重 bǎozhòng　体を大事にする

応用語句

1. 生病 shēngbìng　病気になる　大夫给病人看病。Dàifu gěi bìngrén kànbìng.　医者が患者を診察する。看护病人。kānhù bìngrén.　病人を看病する。
2. 交费 jiāofèi　料金を納める。医药费 yīyàofèi　治療費と薬代　免费 miǎnfèi　無料　费用 fèiyòng　費用
3. 医生 yīshēng　医者　医院 yīyuàn　病院　中医 zhōngyī　中国医学　中药 zhōngyào　漢方薬　西医 xīyī　西洋医学　西药 xīyào　西洋薬
4. 红眼 hóngyǎn　ねたむ、目が充血する。
5. 药房 yàofáng　薬局
6. 拍摄 X 射线照片 pāishè Xshèxiàn zhàopiān　レントゲン写真を撮る。
7. 按摩科 ànmókē　マッサージ科
8. 耳鼻喉科 ěr-bí-hóukē　耳鼻咽喉科
9. 妇科 fùkē　婦人科
10. 外科 wàikē　外科
11. 牙科 yákē　歯科
12. 小儿科 xiǎo'érkē　小児科
13. 板兰根冲剂 Bǎnlángēn chōngjì　板藍根という漢方の風邪薬

语法要点

(1) "有点儿":
"有点儿"是"有一点儿"的省略形式。"有(一)点儿"作为副词表示程度不高,多用于不如意的事情。例如:
　　① 我有点儿感冒了。
　　② 我有点儿咳嗽。
　　③ 嗓子有点儿红了。
　　④ 他有点儿糊涂。
　　⑤ 我今天有点儿不舒服。

(2) "疼得要命"
"～要命"是一个固定格式,表示程度达到极点。例如:
　　① 我这两天头疼,疼得要命。
　　② 他孩子丢了,急得要命。
　　③ 今年夏天,四国热得要命。
　　④ 他最近忙得要命。

(3) "一天吃三次"
在中国语里,动词前后各用一个数量结构(动词后不带"了""过"),这样形成的格式含有"每"的意思。"一天吃三次"就是"每一天吃三次"的意思。再如:
　　① 两人分一个西瓜。(＝每两个人分一个西瓜)
　　② 一个小时翻译一千字。(＝每一个小时翻译一千字)
　　③ 一排坐十六个人。(＝每一排坐十六个人)

(4) "一点儿"
"一点儿"是一个数量词,表示不定的数量,而且表示少量。例如:
　　① 吃一点儿感冒清热冲剂吧。
　　② 我想喝一点儿绍兴酒。
　　③ 请再加一点儿糖。
　　④ 我只看了一点儿。

第十五课 去 旅行
Dì-shíwǔ kè　Qù lǚxíng

A： 快要　放假　了。
　　Kuàiyào fàngjià le.

B： 你　打算　去　旅行　吗？
　　Nǐ dǎsuàn qù lǚxíng ma?

A： 我　要　去　西安、南京、上海。从　北京　到　西安要　几　个　小时？
　　Wǒ yào qù Xī'ān、Nánjīng、Shànghǎi. Cóng Běijīng dào Xī'ān yào jǐ ge xiǎoshí?

B： 要　十七　个　小时。你　坐　飞机　去　还是　坐　火车　去？
　　Yào shíqī ge xiǎoshí. Nǐ zuò fēijī qù háishì zuò huǒchē qù?

A： 我　坐　火车，火车票　好　买　吗？
　　Wǒ zuò huǒchē, huǒchēpiào hǎo mǎi ma?

B： 很　难　买，你　得　早　点儿　去　北京站　外宾　售票处　买　票。
　　Hěn nán mǎi, nǐ děi zǎo diǎnr qù Běijīng Zhàn Wàibīn Shòupiàochù mǎi piào.

　　祝　你　旅途　愉快！
　　Zhù nǐ lǚtú yúkuài!

海南島の三亜湾（董静如氏撮影）

単　語

1. 旅行 lǚxíng　旅行(する)
2. 快要 kuàiyào　もうすぐ
3. 放假 fàngjià　休みになる
4. 打算 dǎsuàn　…するつもりだ、意図
5. 西安 Xī'ān　シーアン　陝西省 Shǎnxī Shěng の省都
6. 南京 Nánjīng　ナンキン、ナンチン　江蘇省 Jiāngsū Shěng の省都
7. 上海 Shànghǎi　シャンハイ　中国の一級行政区の一つで、世界最大都市の一つ。
8. 从~到 cóng~dào　…から…まで
9. 小时 xiǎoshí　時間＝钟头 zhōngtóu
10. 飞机 fēijī　飛行機
11. 火车 huǒchē　列車
12. 票 piào　切符
13. 难 nán　難しい、…しにくい
14. 早 zǎo　早い、早く、とっくに
15. 北京站 Běijīng Zhàn　北京駅
16. 外宾 wàibīn　外国からの客
17. 售票处 shòupiàochù　切符売り場
18. 祝 zhù　祈る、心から願う
19. 旅途 lǚtú　道中
20. 愉快 yúkuài　愉快である

応用語句

1. 难得 nándé　得難い　难受 nánshòu つらい　难忘 nánwàng　忘れ難い
2. 软座 ruǎnzuò　（列車などの）柔らかい座席
3. 软席 ruǎnxí　一等席(列車や客船)
4. 硬座 yìngzuò　（列車などの）硬い座席
5. 硬席 yìngxí　普通席(列車や客船)
6. 软卧 ruǎnwò　一等寝台　软席卧铺 ruǎnxí wòpù の略⟵➝硬卧 yìngwò
7. 候车室 hòuchēshì　（駅の）待合室
8. 月台 yuètái　プラットホーム＝站台 zhàntái

深圳の世界公園（董静如氏撮影）

语法要点

(1) "快要"

"快要"是副词，用在动词前边，表示某种情况或现象马上就会发生或出现，一般句末常有"了"跟它呼应。例如：

① 快要放假了。
② 会议快要开始了。
③ 他们快要结婚了。
④ 天快要黑了。

(2) "打算"

"打算"作为动词意思相当于"考虑、想、计划"，后面通常带上一个动词性成分。例如：

① 你打算去旅行吗？
② 你打算什么时候去大连？
③ 晚上他打算看电影。
④ 今后我打算去贸易公司工作。

(3) "好"

"好"是形容词。本课课文里的"好"用在单个儿动词前面，表示"容易"的意思。例如：

① 火车票好买吗？（＝火车票容易买吗？）
② 这件事好办。（＝这件事容易办。）
③ 这个问题好解决。（＝这个问题容易解决。）
④ 这种表不好修理。（＝这种表不容易修理。）

跟这个"好"相对的是"难"，表示"不容易"的意思。例如：

难买（＝不容易买）

难办（＝不容易办）

难解决（＝不容易解决）

难修理（＝不容易修理）

(4) "得(děi)"

"得(děi)"是能愿动词，在这里表示"应该""必须"的意思。例如：

① 你得早点儿去北京站的外宾售票处买票。
② 这事儿得跟大家商量一下。
③ 这个问题我还得考虑一下。
④ 这件事得他来做。

(5) "祝"

"祝"是动词，用来表示良好的愿望。例如：

① 祝你旅途愉快。

② 祝你身体健康。
③ 祝他老人家健康长寿。
④ 祝日中两国人民的友谊万古长青。

海南島の鹿回頭(伝説の主人公：阿黒)(董静如氏撮影)

第十六课 住 饭店
Dì-shíliù kè　Zhù　fàndiàn

A：喂，是 燕京 饭店 吗？
　　Wèi, shì Yānjīng Fàndiàn ma?

B：是，您 有 什么 事？
　　Shì, nín yǒu shénme shì?

A：我 要 订 房间，可以 吗？
　　Wǒ yào dìng fángjiān, kěyǐ ma?

B：您 是 哪 位？ 要 哪 天 的？
　　Nín shì nǎ wèi? Yào nǎ tiān de?

A：我 叫 天儿 澄美子，要 8 月 23 号 的 标准间。
　　Wǒ jiào Tiān'ér Chéngměizǐ, yào bā yuè èrshisān hào de biāozhǔnjiān.

B：好 了，到了 下星期，请 再 确认 一下。欢迎 光临。
　　Hǎo le, dàole xiàxīngqī, qǐng zài quèrèn yíxià. Huānyíng guānglín.

A：我 是 从 大阪 来 的 叫 天儿，上个 星期 订 的 房间。
　　Wǒ shì cóng Dàbǎn lái de jiào Tiān'ér, shàng ge xīngqī dìng de fángjiān.

B：请 给 我 看看 您 的 护照。
　　Qǐng gěi wǒ kànkan nín de hùzhào.

A：这 就是，请 看。
　　Zhè jiùshì, qǐng kàn.

B：好。您 的 房间 是 1 0 5 9。这 是 钥匙。
　　Hǎo. Nín de fángjiān shì yāo líng wǔ jiǔ. Zhè shì yàoshi.

A：餐厅 在 几 楼？
　　Cāntīng zài jǐ lóu?

B：在 二 楼。
　　Zài èr lóu.

A：谢谢。
　　Xièxie.

電子ハカリ（身長、体重）
1回で5角支払う、大連市

単　語

1．住 zhù　泊まる、住む
2．饭店 fàndiàn　ホテル
3．燕京 Yānjīng　イエンチン、北京の別称。
4．订 dìng　予約する、取り決める
5．房间 fángjiān　部屋
6．可以 kěyǐ　…してもよい，…できる
7．哪 nǎ　どの、どちらの、どんな
8．位 wèi　敬意をもって人を数える　这位 zhè wèi(この方)
9．天儿 Tiān'ér　Amaji(姓)
10．澄美子 Chéngměizǐ　Sumiko(名前)
11．标准间 biāozhǔnjiān　ツイン部屋を指す。
12．确认 quèrèn　確認(する)
13．光临 guānglín　ご光来
14．大阪 Dàbǎn　大阪、OSAKA
15．上星期 shàngxīngqī　先週
16．就是 jiùshì　範囲を限定する、これです
17．钥匙 yàoshi　鍵、キー
18．餐厅 cāntīng　食堂、レストラン
19．楼 lóu　建物の階層、ビル

応用語句

1．单人房间 dānrén fángjiān　シングルルーム＝单间
2．双人床 shuāngrénchuáng　ダブルベット
3．套间 tàojiān　スイート・ルーム
4．床单 chuángdān　シーツ
5．枕头 zhěntou　枕
6．被子 bèizi　掛け布団＝被卧 bèiwo、被窝儿 bèiwōr
7．褥子 rùzi　敷き布団
8．镜子 jìngzi　鏡
9．皮箱 píxiāng　トランク、スーツケース
10．照相机 zhàoxiàngjī　カメラ
11．一次性照相机 yícìxìng ～～～インスタント・カメラ
12．暖水瓶 nuǎnshuǐpíng　魔法瓶＝暖瓶、热水瓶 rèshuǐpíng
13．请勿打扰! Qǐngwùdǎrǎo!　Please don't disturb!(ゆっくり休みたい時には、この札を入口にかけましよう)
14．退房 tuìfáng　チェックアウト
15．洗手间 xǐshǒujiān　トイレ＝厕所 cèsuǒ、上～～。

北京のホテル一例

1．北京饭店 Běijīng Fàndiàn　（1900年落成）
2．长富宫饭店 Chángfùgōng Fàndiàn　（1990年）ホテルニューオータニ
3．香格里拉饭店 Xiānggélǐlā Fàndiàn（1987年）シャングリラ
4．香山饭店 Xiāngshān Fàndiàn　（1983年）
5．和平宾馆 Hépíng Bīnguǎn　（1952年）
6．首都宾馆 Shǒudū Bīnguǎn　（1989年）
7．天桥宾馆 Tiānqiáo Bīnguǎn　（1990年）
8．希尔顿酒店 Xī'ěrdùn Jiǔdiàn　（1993年）ヒルトン
9．长城饭店 Chángchéng Fàndiàn　（1984年）シェラトン

语法要点

(1) "是……吗？"

"是……吗？"是中国语里一种常用的表示是非问的问话格式，要求对方确认，一般要求用"是"或"不是"来回答。例如：
① 是燕京饭店吗？
② 你是中国人吗？
③ 他是九州大学的学生吗？
④ 这是南瓜吗？

(2) "好了"

本课课文里的"好"表示"完成"，通常用在动词后面，肯定形式后面常常带"了"。例如：
① 信写好了。
② 他的汽车修好了。
③ 你的衣服做好了。

在一定的对话里，"好"前面的动词可以省略，单说成"好了"。例如：
④ A：我要订房间，可以吗？
　　B：您是哪位？要哪天的？
　　A：我叫天儿澄美子，要8月23号的标准间。
　　B：好了。（＝登记好了。）
⑤ A：他的汽车修好了吗？
　　B：好了。（＝他的汽车修好了。）
⑥ A：我的衣服做好了吗？
　　B：你的衣服好了。（＝你的衣服做好了。）

(3) "是……的"

"是……的"是中国语里常用的一种格式，只用于说过去的事，表示肯定和确认。例如：
① 我是从大阪来的。
② 他是昨天到的。
③ 这篇文章我是前天写的。

(4) "昨天订的房间"

"的"用在动词和宾语之间，表示对以往的行为动作的肯定和确认。例如：
① 昨天订的房间。
② 大前天写的信。
③ 在他家吃的饭。
④ 妈妈给的钱。

(5) "在几楼？"

"在几楼"是"在第几层楼"的意思。例如：

① A：餐厅在几楼？（＝餐厅在第几层楼？）
　　B：在2楼。（＝在第2层楼）
② A：你们住在几楼？（＝你们住在第几层楼？）
　　B：我们住在5楼。（＝我们住在第5层楼。）

研究生院

第十七课　书　信

木村一郎老师:

　　您好! 您最近身体好吧,工作一定很忙吧。我去年9月份来北京留学,快一年了,时间过得真快。北京大学已于7月14日开始放暑假。我打算在这里继续学习。虽然中文学起来很难,但是我却越学越有兴趣了。

　　我在日本刚开始学习中文的时候,有很多困难,进步不太快,您经常给我鼓励。在您的帮助下,我不断努力学习,终于考上了北京大学研究生。在这里,我向您表示衷心的感谢。

　　听说今年夏天日本非常热,晚上睡不着觉,有些地方供水有限制。您那里怎么样?

　　希望您暑假过得愉快。祝

身体健康

全家安好

　　　　　　　　　　　　　　　　　　　　　您的学生　高柳浩明
　　　　　　　　　　　　　　　　　　　　　　1994年7月15日

中国の切手

Dì-shíqī kè Shūxìn

Mùcūn Yīláng lǎoshī:

　　Nín hǎo! Nín zuìjìn shēntǐ hǎo ba, gōngzuò yídìng hěn máng ba. Wǒ qùnián jiǔ yuèfen lái Běijīng liúxué, kuài yì nián le, shíjiān guò de zhēn kuài. Běijīng Dàxué yǐ yú qī yuè shísì rì kāishǐ fàng shǔjià. Wǒ dǎsuàn zài zhèli jìxù xuéxí. Suīrán Zhōngwén xué qǐlái hěn nán, dànshì wǒ què yuè xué yuè yǒu xìngqu le.

　　Wǒ zài Rìběn gāng kāishǐ xuéxí Zhōngwén de shíhou, yǒu hěn duō kùnnan, jìnbù bú tài kuài, nín jīngcháng gěi wǒ gǔlì. Zài nín de bāngzhù xià, wǒ búduàn nǔlì xuéxí, zhōngyú kǎoshàng le Běijīng Dàxué yánjiūshēng. Zài zhèli, wǒ xiàng nín biǎoshì zhōngxīn de gǎnxiè.

　　Tīngshuō jīnnián xiàtiān Rìběn fēicháng rè, wǎnshang shuìbuzháo jiào, yǒuxiē dìfang gōngshuǐ yǒu xiànzhì. Nín nàli zěnmeyàng?

　　Xīwàng nín shǔjià guò de yúkuài. Zhù
shēntǐ jiànkāng
quánjiā ānhǎo

　　　　　　　　　　　　　　　　　　Nín de xuésheng Gāoliǔ Hàomíng
　　　　　　　　　　　　　　　　　　Yījiǔjiǔsì nián qī yuè shíwǔ rì

単 語

1. 书信 shūxìn　手紙
2. 最近 zuìjìn　最近、最も近い
3. 木村 Mùcūn　Kimura（姓）
4. 一郎 Yīláng　Ichiro（名前）
5. 身体 shēntǐ　体
6. 工作 gōngzuò　仕事、活動、働く
7. 一定 yídìng　きっと、一定の、必ず
8. 忙 máng　忙しい、忙しくて⟷ 闲 xián、
9. 份 fèn　年月等の後につけて区分の単位を表す、部数　月份 yuèfèn（暦の上の）月
10. 留学 liúxué　留学（する）
11. 快 kuài　間もなく。速い、鋭利である
12. 过 guò　（時間が）たつ、通る
13. 真 zhēn　実に、真実だ（の）
14. 已 yǐ　すでに＝已经 yǐjīng ⟷ 未 wèi
15. 于 yú　動作行為のなされる地点・時点・範囲を導く…に、…で、…より
16. 开始 kāishǐ　始まる、始める、初め
17. 这里 zhèli　ここ、…のところ
18. 继续 jìxù　続ける、継続（する）
19. 虽然 suīrán　…ではあるけれども
20. 但是 dànshì　しかし、…が　虽然、尽管 jǐnguǎn などとよく呼応する
21. 中文 Zhōngwén　中国語
22. 起来 qǐlái　動作や状態の開始を表す、複合方向補語。
23. 却 què　ところが
24. 越～越～ yuè　…であればあるほどますます…だ
25. 兴趣 xìngqù　興味
26. 刚 gāng　…したばかりである、ちょうど
27. 时候 shíhou　時、時期
28. 进步 jìnbù　進歩（する）、進歩的である。⟷ 退步 tuìbù
29. 经常 jīngcháng　いつも、平常⟷ 临时 línshí
30. 鼓励 gǔlì　激励（する）
31. 帮助 bāngzhù　援助（する）
32. 不断 búduàn　絶えず
33. 努力 nǔlì　努力する、努力
34. 终于 zhōngyú　ついに
35. 考上 kǎoshàng　試験に受かる
36. 研究生 yánjiūshēng　大学院生　硕士 shuòshì　修士、博士 bóshì
37. 向 xiàng　…に（向かって）、向き
38. 表示 biǎoshì　表す、物語る
39. 衷心 zhōngxīn　心から（の）
40. 听说 tīngshuō　聞くところによると…だ
41. 夏天 xiàtiān　夏　夏季 xiàjì
42. 非常 fēicháng　非常に、特殊に
43. 热 rè　暑い、熱い、情が深い、（体の）熱⟷ 冷 lěng
44. 睡不着 shuìbuzháo　寝つけない
45. 觉 jiào　眠り
46. 有些 yǒuxiē　ある一部（の）、少し（ある）
47. 供水 gōngshuǐ　供水（する）
48. 限制 xiànzhì　制限（する）
49. 健康 jiànkāng　健康、健康である、健全である
50. 全家 quánjiā　一家全部＝合家 héjiā
51. 安好 ānhǎo　無事である
52. 高柳 Gāoliǔ　Takayanagi（姓）
53. 浩明 Hàomíng　Hiroaki（名前）

应用语句

1. 新年好 Xīnnián hǎo 新年おめでとう
2. 祝您生日愉快 Zhù nín shēngrì yúkuài 誕生日おめでとうございます。
   祝您生日快乐 Zhù nín shēngrì kuàile 誕生日おめでとうございます。
3. 祝福你们白头偕老,永浴爱河。Zhùfú nǐmen báitóu xiélǎo, yǒng yù ài hé. いつまでもお幸せに。
4. 信中肯定有不少错误,请您指正。Xìn zhōng kěndìng yǒu bùshǎo cuòwù, qǐng nín zhǐzhèng. 手紙には必ず多くのまちがいがあると思いますので、ご指摘下さい。
5. 来函收悉。Láihán shōuxī. お手紙拝受致しました。
   来函奉悉。Láihán fèngxī. お手紙拝受致しました。
6. 随函寄上两张照片。Suí hán jìshang liǎng zhāng zhàopiān. 写真2枚同封してお送りします。
7. 没有及时给您写信,非常抱歉! Méiyǒu jíshí gěi nín xiě xìn, fēicháng bàoqiàn. すぐにお手紙をさしあげず、大変失礼致しました。
8. 专此函复,等待贵方的好消息。Zhuān cǐ hánfù, děngdài guìfāng de hǎo xiāoxi. まずはご返事まで、よいニュースを待ちます。
9. 希望尽早回音。Xīwàng jìnzǎo huíyīn. できるだけ早くご返事を下さるようお願いします。

语法要点

(1) "快一年了"

"快……了"这一格式表示接近某个时间,其中的"快"是副词。例如:
① 我去年9月份来北京留学,快一年了。
② 现在快9点了。
③ 我爷爷快八十(岁)了。
④ 快吃饭了,你别走了。
⑤ 我们快开学了。

(2) "虽然……,但是……"

"虽然……,但是……"构成一个表示让步转折的复句。"虽然"引出表示让步的分句A,承认A是事实;"但是"引出表示转折的分句B,说出正面的意思。全句意思是说,B并不因为A而不成立或改变情况。例如:
① 虽然中文学起来很难,但是我却越学越有兴趣。
② 虽然已经过了立秋了,但是天气还是很热。
③ 这孩子虽然年龄不大,但是知道的事情不少。

④ 她虽然学了三年的中国语，但是用中文写信还有困难。

(3) "学起来"

"起来"附加在动词后面可以表示很多意思，这里的"起来"表示"从某个角度说""从某个角度看"的意思。本课课文里的"学起来"就是"从学习的角度说"的意思。再如：
① 这支笔写起来很好写。
② 这种苹果看起来好看，吃起来不好吃。
③ 风筝做起来很容易。
④ 这事儿说起来很容易，做起来很难。

(4) "越……越……"

"越"是副词，表示程度的加深，一般不单用，常常构成"越 A 越 B"格式，表示后者 B 在程度上随着前者 A 的加深而加深。
① 我越学越有兴趣。
② 雨越下越大。
③ 那个孩子我越看越喜欢。
④ 我越叫她别说，她越说得起劲。

(5) "终于"

"终于"是副词，主要表示期望或预料中的事件或情况，在经历了一个过程后，最后到底发生了。例如：
① 在您的帮助下，我不断努力，终于考上了北京大学研究生。
② 1988年2月1日他们终于搬进了新房子。
③ 春天终于来了。
④ 经过几十次的试验，他们终于成功了。

(6) "向"

"向"作为介词，跟代词或指人的名词组合，引出动作的对象。例如：
① 在这里，我向您表示衷心的感谢。
② 她向王老师敬了一个礼。
③ 我们应该向她学习。
④ 要向顾客负责。
⑤ 我向她借了500块钱。

本書には発音、本文を吹込んだ別売りテープ
(C60 定価 本体2000円＋税)があります．大
いに役立てて下さい．

著者紹介
馬　真(Mǎ Zhēn)
北京大学中文系教授。《简明实用汉语语法》(北京大学出版社)、《现代汉语虚词散论》(北京大学出版社、共著)他。

伊井健一郎(Yi Ken'ichiro)
姫路獨協大学名誉教授。『さらば、瀬戸内海！』(白帝社、共編著)『南京陥落・平和への祈り』(上、下)(晃洋書房、共訳)『太平洋の夜明け』(上)(三文舎、日中21世紀翻訳会訳)他。

山田留里子(Yamada Ruriko)
明星大学人文学部教授。『中国語と中国文化読本』上冊(駿河台出版社、共編著)、『中国語と中国文化読本』(第2集)、(駿河台出版社、共編著)他。

改訂版　馬老師と学ぶ中国語

馬　真
伊井健一郎　著
山田留里子

2008. 4. 10　改訂3刷発行
2001. 3. 20　改訂版発行
1995. 9. 10　初版発行

発行者　井　田　洋　二

〒101-0062　東京都千代田区神田駿河台3の7
電話　東京03(3291)1676　FAX 03(3291)1675
発行所　振替　00190-3-56669番
E-mail：edit@e-surugadai.com
URL：http://www.e-surugadai.com

株式会社 駿河台出版社

中国政区

70° 80° 90° 100°

モンゴル人

○喀什
◎乌鲁木齐
○吐鲁番
新疆维吾尔自治区

○敦煌
嘉峪关○
甘肃省

青海省
◎西宁
◎兰州

西藏自治区

ネパール
◎拉萨

ブータン

インド

バングラデシュ

四川省
○成都

长江

○昆明
云南省

ミャンマー

ベトナム社会主義共和国

タイ ラオス

0　500km